콩나물은 헤비메탈을 좋아하지 않는다

국립중앙도서관 출판예정도서목록(CIP)

콩나물은 헤비메탈을 좋아하지 않는다 : 한인숙 시집 / 지은
이: 한인숙. -- 대전 : 지혜 : 애지, 2018
    p. ;   cm. -- (J.H classic ; 018)

ISBN 979-11-5728-266-1 03810 : ₩10000

한국 현대시[韓國現代詩]

811.7-KDC6
895.715-DDC23   CIP2018004542

J.H CLASSIC 018

콩나물은 헤비메탈을 좋아하지 않는다

한인숙

시인의 말

눈이 왔다
내 이름 석 자 써놓고 소리 내어 불러본다
달싹이는 입술사이로 새겨지는 문장들
시가 그렇게 왔다
아버지가 들려주시던 호랑이 담배피던 시절의 이야기 밑천삼아
눈 위에 발자국 찍는다
누구도 밟지 않은 길을 가고 싶은 욕망일까
돌아보면 따라오는 나의 족적들
더러는 낯설고
더러는 미덥다
엄동설한, 아궁이에 지핀 장작불처럼 활활 타오르고 싶다

2018년 정월 새벽녘에
한인숙

차례

시인의 말 ——— 5

1부

마이산 ——— 12
공갈빵 ——— 14
콩나물은 헤비메탈을 좋아하지 않는다 ——— 15
풀 9 ——— 17
메밀꽃 ——— 18
탈춤 ——— 19
염전 ——— 21
외출 ——— 23
오월의 미용실 ——— 24
장기 ——— 26
자작나무 ——— 28
도로'묵'이라 하여라 ——— 30
호야나무 ——— 31
공중전화 ——— 32
ONLINE ——— 33
홍옥 ——— 35
서울 입성기 ——— 36

2부

어머니 ──────────── 40
고인돌 ──────────── 41
제비꽃 ──────────── 43
자장면 ──────────── 44
절구와 공이 ────────── 46
전언 ─────────────── 47
실종 ─────────────── 48
그 안 ────────────── 50
구도 ─────────────── 51
시계 ─────────────── 52
날개 ─────────────── 53
뚜껑 ─────────────── 55
탯줄 ─────────────── 56
노란 이야기 ────────── 58
여행 ─────────────── 59
소 ───────────────── 60
순간, ────────────── 62
입동 ─────────────── 63

3부

공룡알 —볏짚 ——— 66
동거 ——— 68
풀 3 ——— 70
봄날에 ——— 71
귤을 따다 —제주 4·3 사건 ——— 73
말, 말, 말 ——— 74
풍경 ——— 75
신호등 ——— 77
경칩 ——— 79
천년의 미소 ——— 80
망초 꽃 ——— 81
배꼽 ——— 82
건망증 ——— 83
마늘 ——— 84
8월 ——— 85
개, 복숭아나무 ——— 86
골다공증 —용문사 은행나무 ——— 87

4부

소리굽쇠 ——— 90
유과 ——— 92
요요 ——— 93
태양의 뒤쪽 ——— 95
그립다는 것 ——— 96
갈참나무 ——— 97
단골손님 ——— 99
무궁화 ——— 100
바다를 기억하다 ——— 101
가혹한 동거 ——— 103
폭설 ——— 105
지붕 ——— 106
관계 ——— 108
가끔씩 고요는 90cc다 ——— 110
매듭 ——— 112
이야기 —가을 ——— 114
먼 산 ——— 116
부석사 ——— 117

해설・근원과 초월의 세계, 시정・김병호 ——— 120

• 일러두기
  한 연이 첫 번째 행에서 시작될 때는 > 로 표시합니다.

1부

마이산

이곳의 모서리는 둥글다
나머지의 원형을 찾는다면 십리 쯤 뒤로 물러나야 한다
오래전부터 이곳의 석공은 바람이었다
돌이 지혜를 얻기까지 사람은 축생처럼 이 안에 머물렀으리라
낮은 곳의 마음을 높은 곳으로 올리기도 하고
높은 곳 길들지 못한 마음을
마을로 옮겨놓은 것도 돌이 한 일이다
마이산,
돌이 불심을 다루고 사람이 축생처럼 부려진다
이곳의 돌이 부처를 새기는 동안
나는 내 안의 풍경을 새기러 이곳에 왔다
바람의 석공을 만나기 위해선 얼마나 모나야 하는가
그렇다면 나를 이끌고 온 내 안의 돌도 있을 터
그 불균형의 모서리를 바람의 어느 틈에서 궁굴려야 하는가
돌이 부처를 새기는 동안
나는 못내 삭였어야 할 지난밤 꿈의 화두를 뒤척이며
몇 개의 바위 같은 형상을 골짜기에 굴린다
한순간 다가오는 바람의 업적
끝내 가늠되지 않는 불심의 무게를 비우며
쥐고 있던 손안의 바람 몇 줌 털어내고서

봄날의 마이산,
진달래 붉은 혈흔 속을 빠져나온다

공갈빵

공갈이 부풀고 있다
바람 잘 날 없는,
시장통의 풍상을 부풀리며 공갈빵을 굽는다
손해라고, 본전도 못 된다는 쉰소리까지 저며 넣으며
수십 년 째 뿌리박은 세월을 팽창시키고 있다
특별한 체면도
특별한 입맛도 가리지 않는 공갈만의 둥근 식욕
공갈이 유통되기에 좋은 통로를 골라 세상의 모순을 굽는다
시비에 걸렸던 상인의 기름진 욕설이 부풀어 오르고
하체를 밀고 가는 사내의 노래까지 파삭하게 구워진다

골목이 막다를 쯤
리어카 하나 일숫돈을 굽고 있다
전대를 드나드는 너덜해진 장부엔 하루치의 노역이 그어지고
부풀면서 허위를 드러내는 공갈들
하루가 무섭게 부풀고 있는 고리대금 뒤로
왁자했던 태양 서둘러 골목을 나선다
세태의 후미진 안쪽 팍팍한 일상을 굽고 있는,
공갈들은 빵빵하거나 달콤하다

콩나물은 헤비메탈을 좋아하지 않는다

　물을 준다
　몇 그릇의 소리를 흠뻑흠뻑, 진화되지 못한 악보의 정수리에
부어내린다
　졸음을 떼고서 거푸 붓는 음계의 간격 속
　양은 다라이로 쏟아지는 잡음을 걸러 몇 번이고 재생시킨다
　격한 반주엔 머리가 갈라지고 잔뿌리가 생긴다고
　감미로운 사랑을 주라고 어머니는 당부하신다
　아직은 불협의 뭇매를 버터 낼 수 없는 콩나물
　때론 아삭한 탱고를
　때론 아스파라긴산이 함유된 보사노바의 거나한 취기를 쏟아
낸다
　콩나물은 헤비메탈을 좋아하지 않는다

　어린 시절
　내 성장의 뿌리는 가난이고 그 시절의 콩나물은 귀머거리였다
　가난의 화음에도 비릿한 날개만 달려고 할 뿐
　도돌이표처럼 대물림 되는 빈곤의 음표들을 걸러내지 못했다
　한낮이 되어서야 졸아들기 시작하는 아버지의 숙취 속에서
　우리의 오후는 이빨 빠진 하모니카처럼 빈 소리만 내곤 했다
　콩나물을 키우는 것

말갛게 고인 가난을 비워내는 일
우리는 우리의 귀가 더 먼 공복에 가라앉을 때까지
콩나물의 순진한 화음에 길들여졌고
콩나물은 예나 지금이나 헤비메탈을 좋아하지 않는다

소음이라도 솎아내듯 웃자란 몇 줌의 화음을 뽑아내자
등 뒤 락은 지난밤의 불면을 털어내며 한껏 진화되고 있었다

풀 9

풀들의 환승역은 겨울이다
침묵을 묻고서 무심히 갈아타는 누런 사유의 행방
어디선가 메마른 바람 일어서고
발 저린 기억의 반쪽이 추억 깊이 체온을 찔러 넣고서
허공에 깊이 휘파람을 날린다
언젠가 푸르렀던 이름의 옆자리를 떠올리며
공백의 한끝,
묵정의 안부가 열렸다 닫힌다
이미 지상을 빠져나간 시간은 무효다
사리라도 쥐어진 듯 지난여름 들끓던 울음의 알들은
바람이 빠져나갈 때마다 늑골이 휘고
푸름을 버텨내던 태양은
벌레가 진화하기에 충분했다
이맘쯤의 풀은 갓 구운 허무처럼 파삭하다
바람 깊이 묻어나는 경련이 텅 빈 고요를 흔든다
사유들이 땅 밑으로 내려간 계절의 끝
오래된 역처럼 제 몸 한켠 날것들에 비워준,

지난 밤 안개를 불러들였던 것도
풀들의 겨울나기였을까

메밀꽃

메밀꽃 필 무렵의 들판은 강이다
바람 따라 눕고 서는 것이 영락없는 물결이다
어머니의 따비밭이 그랬던 것처럼
하얗게 피고 하얗게 진다
핏덩이 떼놓고 군에 간 남편 기다리는 동안
광주리에 담은 아기를 그늘에 재우면 뱀이 넘보고
등에 업으면 발가락에 개미가 새까맣게 달려들고,
메밀꽃처럼 물살을 건넌 어머니
꽃이 너무 환해 어머니의 눈물이 보이지 않았다
물살이 은근해 이끼 낀 돌들을 알아채지 못했다
메밀꽃은 눈물이다
하늘 높은 날 그 꽃 화관 만들어
작은 바람에도 흔들리는 어머니 머리에 얹어주고 싶다

탈춤

곱사등이 일어선다
웃음이 등으로 몰려들고
희미하게 고개 든 해학이 잔등 위에서 터뜨려진다
반 밖에 들어 올리지 못한 세상 속을 돌아 나오는 저, 환한 몸짓
탈이란 게
또 다른 출출함을 달래는 새참 같은 것 아니던가
하여 춤은 탈 쓰기를 원하고
초랭이 선비 백정, 턱이 없는 미완의 이매까지
제 안의 무수한 위선을 완성해 간다
세상의 허물이,
한판의 질펀함이 곱사등을 빠져나온다
벽 안의 사내는 바람 짓궂은 세상에 숨어들기 위해 탈을 쓰고
삼종지도를 뛰쳐나온 각시탈 또한 꺼리길 게 없다

터진다
잔등으로 고여 든 웃음이
곱사등으로 밀어 올린 누추한 허공이,
어깨와 어깨로 흘러나온 난장판이 툭툭 풀어지고
이때가 세속의 빗장을 여는 때다
탈춤을 춘다

안동,
강물이 지팡이 하나 들고서 굽이도는 화회 안마당에서 탈춤이 일어선다
덜 벗겨진 시대의 얼굴들이 패러디 되고 있다

염전

　바다가 짠맛을 잃었다
　몇날 며칠 곰곰 졸아들던,
　섬 안의 소금밭
　물을 깎아내리던 태양이 소나기에 헐리고
　바닥을 긁으며 생업의 간을 맞추던 사내가 한순간 싱거워진다
　어떤 고뇌도 저녁이 되면
　어둠이 되거나 간간한 소금이 되어야 함을 알기까지
　그의 인생은 허리 깊이 굳어갔고
　덜 마른 기다림의 분량을 퍼 담듯 바다의 부피를 줄이고 있다
　몸 속 아직 덜 삭은 사연의 간기를 줄이며 태양의 앙금들을 걸러내는 것이다
　그럴 때마다 멀리 전도를 나온 낯선 종교의 사내 하나
　버석 버석 걸어와 구원을 이야기했지만
　그에게 필요한 건 일용할 양식도 한바닥의 소금도 아니었다
　가출한 아내와 그녀를 찾아 섬을 나선 사춘기의 딸이었다

　바다는 상처였다
　쉽사리 부패되지 않으리라 믿었던 세월도 복면 쓴 고름에 불과했고
　소금을 퍼 담을 때마다 하얗게 반짝이는 해묵은 가족사,

낡은 창고를 들어설 때마다 훅 밀려드는 애증이 하얗게 졸아붙곤 했다
  마지막 태양을 굳히며
  기억의 안쪽을 끌어모으던 사내가 순간 해일에 밀린 듯 비척거렸고
  현기증의 바깥이 온통 어둠으로 바뀌고 있을 쯤
  신작로 목사의 종교는 몇 줌도 안 되는 신앙만 채취했는지
  성경 속 버석거리는 구원의 염도를 맞추려는 듯
  천천히… 아주 천천히
  저녁의 태양을 솎아내고 있었다

외출

접시꽃이 차려놓은 식탁이 헐렁하다
6월의 부록인 망초와 능소화가 기우제를 올렸지만
소쩍새 울음만 담길 뿐 개점휴업이다
바닥 드러난 저수지 먼지 풀풀 날리고
비틀어진 물고기와 입을 앙다문 채 죽은 조개가 아니었다면 낙타를 상상할 뻔했다
물들의 씨앗은 함구한 채 서쪽하늘만 태웠고
금단현상에 시달리는 바람
건초가 된 들풀을 잡아 뜯곤 했다
생존이랄까
씨가 마른다는 것의 위험성을 알아챘을까
외출 나온 구름이 들리긴 했지만 미미했다
당분간 이곳에서 물고기를 보기란 힘들 것이다
후두둑 쏟아지는 별이 야속하다

오월의 미용실

늘 앉는 등받이에 어깨를 묻는다
거울 속 머릿결이 잘리고
내 과거 또한 가볍게 떼어나가기 시작한다
각기 다른 사연이 여자의 손끝에서 비워지고
권태의 순서를 따르듯 나는 늘 그 자리에 앉혀진다
잘려나간 그리움의 길이는 얼마나 될까
그때마다 미련을 잘랐을 테고
다시 새로운 만남을 길러내는 날들은
그다지 오랜 시간이 아니었으리라
나는 크고 작은 만남, 이별을 매만지러 가끔 미용실에 간다
날카로운 가위에 쥐어진 여자는 뚱뚱한 말을 끊임없이 쏟아내고
각오처럼 그래,
이곳에서 마지막 이별을 잘라낸 것도 몇 달 전의 일이다
기억이 또 다른 기억을 잘라내고 또 자라는 동안
미용실 안은 수북한 이별로 발 디딜 틈이 없고
나는 가끔 이 미용실을 들른다
면발처럼 뽀글거리는 수다는
거리의 불이 켜지고서야 식어가고
이 안에서

내 안의 풍경이 컬러로 바뀌는 것을 넘겨다보며
미련인지 원시의 다짐인지 모를 나른한 가위질에 묻혀
또 다른 이별을 꿈꾸곤 한다

길 건너 사거리에 크지도 작지도 않은 미용실이 있다
주인의 수다는 사연들의 길이와 흡사하고
바깥 은행나무
오월의 햇살만큼 잎을 꺼낸다

장기

卒을 밀고 나간다
탐색전이다
스크럼을 짜고 빈틈을 공약하며 적진 속으로 다가간다
포—상—마—차—졸—궁
卒 하나 옮기는 사이에도 마음의 자리는 흔들리고
어느 쪽이든 외통은 멀다
순간 전화벨이 짧게 울리는 사이
반대편의 包가 불안스런 위치에 놓이고
매섭게 노리던 친구의 눈빛이 내 기세를 누를 듯 달려든다
어떤 경우이든 뒷걸음을 치고선
그녀의 손목 한번 잡아볼 수 없다는 걸 안다
한판의 게임으로 여자를 지킨다는 건 어리석지만
장기판 위에 첫사랑을 걸기로 한 것은 내 의지만은 아니었다
그러나 나는 馬를 옮겨야 할 내 차례의 의중을
미룬 채 내심만 조심스럽게 만지작거릴 뿐,
이럴 때가 적벽대전이었던가
늘 허약했던 나의 방패가 되어주던 친구가 문득문득 판 위에 새겨지고
혼란에 빠진 이쪽을 즐기기라도 하듯,
공격이 거세다

때로 馬이거나 象이 아닌 우정이 옮겨진다
검정 교복의 풋내기 해프닝이 디밀어지고
오랜 백수시절의 내가 디밀어지고서야 친구의 공격은 주춤,
사랑도 인생도 어쩌면 장기판을 닮았다

다 떨궈진 쭈을 아쉬워하며
쇠잔한 말과 코끼리를 이끌고서 투항 아닌 공격을 한다
한때는 한 모금씩 나눠 빨던 추억을 거칠게 비벼 끄며 요새를 허문다
곧 떨궈질 馬과 세상의 기세는 모두 다 외통을 향하고 있다
륵, 그러나 절대 판 밖으로 나갈 수 없다

자작나무

숲으로 든다
견고한 소설 속의 한 귀퉁이 같은 숲의 문을 연다
오두막은 이럴 때 잠들어 있어도 좋다
한낮의 태양을 받아내던 창유리와
긴 정적을 슬그머니 들여다보았을 자작나무의 움직임은 오후쯤이 적당했으리라
내가 이곳에 온 것은 갇혀있던 호기심이 깔깔대며 숲을 누볐기 때문이다
뻐꾸기가 둥지를 들이밀고
붉은 한낮을 부화하는
이 안의 비밀을 누설하려는 듯 깃들었던 발길,
그때 나는 내 심장이 얼마나 음험한지를 주인을 몰아내고 둥지를 살피면서 알았다
부화가 덜된 채
깃털을 들쓰고 있는 둥지 안의 알들
호기심도 오래 들여다보면 나무가 된다
내 심장에도 언제부턴가 푸른 잎이 돋기 시작했다
숲과 오두막을 동경하는 나무 한 그루 자랐다
하지만 이 숲의 주인은 오래 전부터 자작나무였다
내 심장을 찌르던 푸른 향기와

방금 전 오두막을 들여다보던 자작나무의 감촉은 사뭇 달랐지만
　오솔길이 그림자를 숲으로 넘기는 동안에도
　자작나무가 가두었을
　새와 태양과 내 안의 비밀을 바람은 알 것이다
　숲에 들면 깍지 낀 생각이 자라고 부화를 미룬 호기심이 바람을 찌른다

도로'묵'이라 하여라

근육질 사내가 팔 안쪽 깊숙이 호흡을 모아 통발을 던진다
통발 속 암컷을 따라 모여든 수컷들의 방사는
꽃이 되기 전
시들거나 거품이 된다
도로묵이 된 은어가 꽉 찬 알을 쏟아내고
해안선은 술렁임을 당겼다 풀곤 한다
왕의 입맛에 따라 묵에서 은어가 되고 도로묵이 된 묵들
심해를 끌고 온 도로묵이 물치항을 후끈 달구는 동안
툭툭 터져 쫄깃하게 씹히는 수다가 입김으로 피어나고
모닥불에 구워진 별이 술잔 속으로 오소소 쏟아진다
가끔은 두 발을 치켜든 꽃게가 통발 속을 기웃대기도 했지만
한 번 들어온 그들 또한 통발로부터 자유롭지는 못했다

갈매기 나는 높이로 통발을 던진다
기다림은 파도가 되거나 바람이 되어 통발로 모여든다
누군가 쏘아올린 폭죽이 피었다 지는,
물치항이 난장판이다

호야나무

해미읍성엔 호야나무가 있다
불구의 역사, 박해기의 천주교가 끊임없이 목 매달렸던 곳
순교를 매달았던 그때의 철사 자국만이 움푹한 비표로 남아 있다
이젠 나이테의 절반을 시멘트에 잠식당한 채
신앙도 놓고서 수런, 이교도의 발길을 맞고 있다
순교의 일을 마친 나무는 근엄하다
푸른 역사도 성서 한 줄에 마음의 강을 일구듯
잎이 수런거릴 때마다 푸른 잠언을 던진다
그날의 고요가 나무를 빠져나와 빠르게 전파될 것 같은 해미읍성
역사를 가두고 순교의 푸른 장지가 된 나무
나는 생각한다
저 나무 제 이름을 버리고 순교를 들썼음에
무수한 영혼이 희생의 열매가 되었음을,
나는 올려다본다
저 나무 혼돈의 역사를 증언하는지
가지를 구도의 반대쪽으로 눕히고 있음을,
해미읍성에 가면
노화에 시달리는 순교 하나 있다

공중전화

케케묵은 빨간 전화통 앞에 이르러
주머니 속에서 짓궂은 생각 하나를 꺼낸다
은전 하나를 집어넣고는
현실 속의 내 핸드폰 번호를 수소문하기 시작한다
그리고는 능청스럽게 한쪽 귀에 내 핸드폰을 같다 대어본다
내 안의 내가 침묵하고
내 안의 내가 침묵으로 응대하는 짧은 거리속의 상전벽해桑田
碧海
수화기를 거리 한 모퉁이에 걸어놓고서
핸드폰을 뒤적인다

ONLINE

햇살에 지친 흥미를 이끌고서
제 입맛의 사이트 속으로 옅은 잠행을 한다
마우스를 움직일 때마다 걸려드는 정보
일기예보를 살피고 사건사고,
경주행 열차표를 예약하듯 여행을 떠난다
미래와 과거가 한창 발굴 중인 고분의 입구까지 클릭을 밀어 간다
야광처럼 드러나는 선사시대의 감촉
구석기와 신석기 어느 쯤으로 짐작되는 돌의 안쪽
기원전 지층이 손아귀에 쥐어지고
관절과 관절 그 사이를 메웠던 흙이
미라를 벗고서 화면 가득 정체를 드러낸다
어금니가 씹으려 했던
선악 이전의 엽록소와 늑골 근처의 입자들
희미하게 끌어안았던 한 여인의 호흡까지,
화석이 된 봄날의 사랑이 발굴된다
내 심장 속 오래전 화석이 된 감촉과 열정
가슴에 새긴 그대로
이별도 화석이 될 수 있음을,
그렇다면 내 왼손이 어루만지고 있는 턱관절도 저 시절의 비

명이었단 말인가
　호흡을 바로 잡으며 원시의 입구를 서성이던 한때를 되돌린다

　마우스를 움직인다
　신생의 목록이 유목의 집단생활처럼 이동 중인 메인 창으로 발을 빼는 순간
　원시 저쪽에서 쫓아온 바이러스 하나
　움푹 팬 늑골을 드러내며 마우스를 움켜쥔다

홍옥

태양보다 농익은 향기
서리하고 싶다
큼지막한 놈 하나 뚝 따서 앞자락에 쓰윽 문질러
젖 먹던 힘까지
써,
쪼개면
처녀 젖꼭지처럼 박혀있는 까만 씨앗
말갛게 번진 꿀 부드러운 혀로 핥고 싶다
그 안에 알 슬어놓은 사과벌레 질투난다

서울 입성기

태풍예보 내려진 하늘
목화밭 홍수 난 듯 구름 넘쳐난다
여간해서 보기 드문 하늘이다 눈을 뗄 수 없다
저 구름의 문으로 축구공을 쏘아도 좋겠다
뭉개지지 않을 만큼의 속도로 번지점프를 해도 좋겠다
구름 한 자락 잡아타고 서울로 향한다
버스 전용차로를 드나들던 구름
불법 스티커를 발부 받고서야 노을 속으로 숨어들고
구간 단속에 걸리지 않으려면 구름을 100으로 당겨야 한다
그러나 달리는 것도 잠깐, 병목구간을 예고한 건 번개다
폭죽처럼 터지는 마른하늘의 번개
이럴 때 태양은 잠깐 숨죽여도 좋다
빌딩숲에 닿을 듯 무겁게 내려온 하늘이 도심을 숨겼다
바람은 정체구간을 알리기 바쁘고 갓길로 접어든 구름의 폭주 거침없다
흐름을 무시한 채 불법 유턴하던 구름
이내 쿵,
하늘이 흔들렸다
구름의 한 귀퉁이가 깨지고 소나기를 퍼부었다
검은 하늘에서 벌어지는 한판의 난타 극

구름, 다시 평온해졌다
통제구간이 늘었고
구름과 구름 사이로 한강이 흘렀다

2부

어머니

어젯밤 퇴근 길 그 달
다시 그 자리에 있다
제 몸 빚어 밤을 밝히느라 핼쑥하다
곱디곱던 어머니가 조금씩 살을 떼어
자식들에게 내준 것처럼
정월 대보름
새벽달 귀가 닳아있다

고인돌

청동기를 건너온 죽음이 유목의 날을 지상에 심어놓고 있다
무거운 생애가
납작했을 누군가의 유언이 돌 한 장의 크기로 놓여지고
부족의 힘만으론 얹지 못했을 거대한 돌
힘의 마지막은 누군가의 눈물과 지나치던 바람의 도움 없인 불가능했으리라
번호표가 붙은 선사의 죽음들
그 단단한 표식을
봄날 한때 순록의 뿔질이 들렀을 것이고
주술은 태양의 반대쪽에서 하루를 몰았으리라
지금은 해안을 건너온 선사의 바람이 빗살무늬 속도로 떠다니고
이곳에선 잘못 들른 계절도
우거진 풀숲에 뒤섞여 빠져나오지 못했을 것이다
나는 잠시 가늠할 수 없는 시간의 분량을 기대듯 바람을 등진 채 물어본다
내 상념도 저 풀꽃들에게 돌아가 고인돌이 될 수 있을까
한때의 땀
한때의 기억으로도 들풀의 문명에 작은 표식이 될 수 있을까
내 드나드는 호흡까지도 바위 같은 무게가 된다

바람의 뿔질은 선사로 향하고
무심히 서 있던 生의 위치에까지 푸른 주술이 들어찬다
내 안쪽으로 흐르는,
청동기를 벗으며 원시의 죽음을 빠져나온다

제비꽃

사월이 피었다
기지개 켜던 청룡사가 제비꽃에 흔들리고
바람의 중심이 보랏빛 흔들림에 가볍게 구부러진다
부도들 푸른 이끼를 키우느라 분주한 사이
제비꽃,
꽃물을 빨리느라 고행에 들고
나는 더는 모아 드릴 극락이 없어
겨드랑이 밑 나른한 늑골만 뒤적였지
초파일 연등이 목책처럼 줄지어 선 길
온종일 극락과 사바의 발길로 분주하고
바람의 행방을 처마 밑 풍경에 묻는지
목어처럼 뻐끔뻐끔 불심만 게워내고 있는 한낮,
나는
청룡사 뒷산에 내어준 일행이 내려오기를 기다리며
화두 하나 무심히 던진다
제비꽃, 염불 소리에 제 안의 바람을 지켜낼 수 있을까

자장면

오후 2시를 섞는다
젓가락에 깨어나는 곳마다 묻어나는 검은 족적
나는 가끔씩 자장면을 고민한다
이쑤시개나 스티커의 홍보물을 뒤적이다가
검은 타이밍을 놓친 채 시장기만 퉁퉁 불릴 때가 있다
공복 밖에서 누리는 오래된 관습과의 줄다리기
이젠 추억이기보다는 한 끼의 형식이며 불어터진 관습이다
그러나 자장면은 나의 고민에 당도하기 전
공상의 부피로 망가져있고 몇 젓가락쯤에서 일까
더는 넘어가지 않는 기억의 분량을 후회하는 건,

자장면
불어터짐의 미학이며 검은 공복의 화신이다
내가 가끔 그것을 불리는 것은 한때의 추억 때문이다
이층 교실과 중국집은 면발의 거리 만큼에 있었다
반죽을 탁탁 내리칠 때마다 실타래처럼 풀리던 정오와
사내의 근육질 속에서 끊임없이 가늘어지던 면발
우리들 수다는 도마질 크기로 잘려졌고
둥근 프라이팬보다 먼저 거뭇한 공복이 볶아졌다
3년 내내 계속되던 자장면 한 그릇의 유혹

세상 한 켠이 졸업으로 뒤숭숭한 날
내 3년간의 식욕과 이층에서 넘겨다 본 풍경을 비볐다
낯설게 접근되던 면발과 오소소 쏟아지던 군침,

오늘도
무수한 추억에 볶여 거뭇해진 식욕을 찾기 위해,
이층에서 넘겨다보던 풍경을 비비기 위해
면발 깊숙이 젓가락을 넣어 사춘기를 말아올린다

절구와 공이

은밀한 것들은 돌이 되어서도 가슴을 벌리고 있다
늦가을 옆구리가 허전한지
햇살 지분대는 처마 밑이 지루한지
절구 하나 공이를 붙들고 씨름을 한다
쿵덕쿵, 쿵덕
그 짧은 방아 속으로
늙은 시누이 같은 바람 모였다 흩어지고
잘 이겨진 메주 몇 덩이 처마 끝 햇살에 매달린다

절구에 꽃 피면 며느리가 든다 했던가
마흔이 넘도록 끔쩍 않던 범박골 노총각
베트남 처자 하나 들여앉히고
쿵덕쿵, 쿵덕
그런 것이 천생연분 아니겠는가

절구와 공이
그 집의 주춧돌이 몽롱해질 때
한 사나흘의 힘으로 공이를 들어 올려
헛기침 같은 호통을 치는,

사랑이 고일수록 빻고 또 빻는다

전언

봄날 한때 태양의 집결지는 꽃이다
오전의 망울은 오후에 꽃
꽃을 뛰쳐나온 향기
북쪽으로 봄을 옮기느라 바쁘다
잎이 되기 전
꽃으로 계절을 담금질하는 나무의 지혜
그 안에 깃들어
봄으로 피고 싶다

실종

현관 입구 우체통 반송함 위 안경 하나 걸쳐 있다
며칠째 시간을 보내고 있는 안경
유년이 반송되는 중인가
아이를 빠져나간 안경 속으로
피자 배달원이 지나치고
1002호 선글라스 하이힐의 외출이 들렀다나간다
렌즈의 두께로 보아 원시안의 미아일 것이다
그 두께의 모서리를 깎아내면
어느 쯤에선가 오롯이 발견될 것 같은 아이의 행선지
심장이 보았던 세상
피터 팬이 보았을 세상을 잃은 채
쉽사리 깨어나지 않는 창밖의 햇살을 우두커니 헤맬 것이다
안경이 두꺼워진다는 건 더 먼 실종을 바라보는 일
오늘 아침 현관 입구에 얹혀 있던 그 아이
둥근 테 안에서 열렸다 닫힐 하루가 뿌옇게 반송되는 동안
아이는 또 다른 실종을 찾아 안경점을 들를 것이고
새로 맞춘 세상 속으로 조금은 낯선 풍경이 환해질 것이다

우리 세월 속에도 잃어버린 안경 하나씩 있다
망각 저쪽으로 반송되고 있을 원시안의 기억들

걸음마를 건너고 좀 더 높은 곳의 상처들을 지나쳐오면서
오목하거나 볼록해진 세월의 흔적이 얼룩져 있다
기억 속에서 유년을 꺼내듯
조금씩 깊어진 실종의 두께 하나씩 걸치고 있다

그 안

셔터의 틈으로 불길이 흘러나온 건 늦은 밤
간판에 연결된 전선에서 푸른 불이 뚝뚝 떨어지고
매캐한 절망이 건물을 덮기 시작했다
매장 안 놀란 악기들
암흑 속 검은 오페라를 연주하는지
쏟아 붙는 물줄기 속에서 금속성의 화음이 요란하다
소방호스에 불꽃이 멈춰지고 점포 안의 소리가 죽었다
감식반이 화기를 들추자 화상 입은 악기들
실종된 소리를 찾느라 분주하다
그 안쪽의 재가 된 희망이 풀썩 주저앉고
주인의 목소리가 타다 남은 현의 떨림처럼 삐걱인다
누군가는 화인을 건조하고 푸석한 그 안의 습관을 꼬집었고
누구는 정수기 과열을 발화의 원인으로 지적하기도 했다
꺼멓게 묻어나는 그을음이 행인의 걸음을 세웠고
몇몇은 재처럼 가벼워진 위안의 말을 남기곤 사라졌다
소리를 벗은 악기는 쇠붙이에 불과했고
세상과 흥정할 수 있는 하루는 당분간 점포 안에 없다
반음쯤 내려진 절망의 구석을 빠져나오듯
어깨에 묻은 소리의 잔해를 툭툭 털어내는 사내
그 위에는 소리의 뼈를 뒤적이듯 낮게 깔린 저녁의 구름이
골목 어귀를 빠르게 통과하고 있었다

구도

  안쪽의 사연을 어둠 밖으로 끌어내며
  지렁이를 낚아올린 건 지난밤 빗줄기였을까
  음지를 벗어나 안빈安貧의 반대쪽으로 내몰린 지렁이 한 마리
  오래된 느티나무를 향해 절간 마당을 끌고 가려던,
  지하의 관습이 한낮의 태양에 말라붙기 시작하고
  몇 번의 몸부림 뒤
  짧은 미동을 보이고선 이내, 윤회를 멈춘다
  죽음을 말리려는 걸까 처음으로 돌아가려는 저 본능
  길고 미끈했던 행방이 이르려던 곳은 대웅전 촛불 속의 삼배三拜가 아니었을까
  태양은 빠르고 구름은 제자리다

  내 안쪽 회복되지 못한 기압골이 칠성전 쪽으로 더디게 옮겨지는 사이
  날것들의 분주한 움직임이 계절을 키우는지 미물의 질서가 푸르다

시계

초침소리 들린다
창고에 기댄 채 채마밭 시간을 재고 있는지
초침소리에 호박이 커가고 오이가 늙는다
가지는 크기도 전 씨앗먼저 품고
급해진 콩이 열매 없는 줄기만 뻗는다
해바라기가 둥근 태양을 까맣게 익히며 속을 채우는 동안
대추나무는 조율이시의 열매를 붉히고
창고 안 저 시계 계절의 추를 빠르게 돌리고 있다
뻐꾸기가 튀어나와 알리는 시보에 꽃 문을 열고 닫는 나팔꽃처럼
소멸을 저장하는 창고 안은 어제와 오늘의 공동경비구역이다
까마중이 거뭇하게 익고
습한 곳 버섯이 갓처럼 둥근 꽃을 피워 낸다
요 며칠 기척 없던 고양이 예닐곱의 새끼를 앞세우고 나타났다
시간은 흐르는 것이 아니고 익는 것이다
초침을 돌리는 시계도
태양의 날짜를 짚어가며 속도를 조절하는 식물도
세상의 시간은 자연이라는 걸 알았을까
시간 그 자체가 여행이다

날개

나무를 깨워야겠어
은행나무 밑동을 툭툭, 쳤지
물길 흐르는 소리가 나는지 귀를 대 봤어
꺼끌한 각질만으론 나무가 긴 잠을 털었는지 알 수 없었어
바람이 나무를 감아 돌았지
잔바람에 가지 끝이 흔들렸고
언제부터
나무의 날개가 바람일거라는 상상을 했을까
바람이 접혔다 펴질 때마다 나무와 잎들이 허공을 날았고
계절은 오고 갔어

바람의 날개를 타고
남쪽의 봄이 날아들었고 꽃은 개화를 서둘렀지
가끔은 꽃샘이라는 바람이 분탕질을 놓기도 했지만
바람을 번역하며 각주를 달지 않아도
분명, 바람엔 날개가 있었어

내 겨드랑이를 들썩이면 바람이 일었지
 생각을 접었다 펼 때마다 살아나는 기척들, 치명적일 때도 있지만

날개를 달지 못한 기억은 오래지 않아 소멸됐고
추 달린 기억만이 흔들렸어
햇살좋은 날
내가 흔든 봄을 바람이 깨웠지

뚜껑

물들의 뚜껑은 겨울이다

저수지의 물
더는 함구할 침묵이 없는지 겨울을 결박시킨다
저수지를 건너던 태양에 얼음이 들고
성에 낀 오후를 부려놓던 산이 물가를 떠나자
산란을 부추겼을 그림자 서둘러 수초를 빠져나간다
원칙을 깨기에 좋은 계절은 겨울이다
며칠째 얼어붙은 삼한사온이 그러하고
뚜껑 위로 모여든 삼삼오오의 사람들
단단한 경계에 구멍을 뚫는 것이 그러하다
망치질을 할 때마다 튀어 오르는 얼음의 파편
그것은 겨울의 불통이다
고요하던 물결의 절필 당한 상처이며
물이 빚어내는 또 하나의 지문이다
낚싯대가 움직일 때마다
헐린 은신처를 비집고 올라서는 빙어가 눈부시다
단단하고 매끄러운 도시를 빠져나온 풍경들 틈에서
수런거림이 쭐렁, 엎질러지고
살얼음 든 아이 하나
저수지의 풍경을 모닥불에 굽고 있다

탯줄

첫째 아이가 스물이 되었다
滿으로 스물이 된 것이다
이제 체모는 완성되었고 또 다른 과정을 완성해가기 위해
내 안의 수치보다 훨씬 웃자란 풍경을 들이대곤 한다
모니터에 남겨진 포르노의 흔적이며
단축버튼에 저장된 모순의 이름들
내가 전달한 유전자와는 다른 잣대로 제 안의 터럭을 키워간다
그 아이, 내 이십 년의 청춘의 길을 훔치더니
또 다른 금기를 훔치려하고 있다
때론 충혈된 성장으로 멍에를 들쓰기도 하고
잘못 끼어든 질서에 새로운 금기를 만들기도 하는,

이제 또 하나의 탯줄을 끊어야 할 때이다
아직 기성의 안쪽으로 멀리 달아나지는 못했지만
아이의 세월에도 터럭이 나고 몇 줌 반항이 돋아났다
교차로의 점멸등을 통과한 일이거나
수신함의 메모리를 비워내는 일 또한
그들의 저울추에 맡겨야 하는 것이 방정식인 것처럼
탯줄을 잘라 세상의 공식에 떠맡기려는 것이다
아이가 성인이 되었다

가끔 나로 하여금 손담비의 미쳤어를 흥얼거리게 하는, 저 징그러운

노란 이야기

호박을 가른다
늙고 실팍한 내부 가득 드러나는 푸석한 한기,
여름내 두엄가 지지랑 물의 행방이 끄덕끄덕 이제서야 보인다
노랗게 익은 호박의 내부는 제 꽃의 피난처 같다
빛깔이며 향기 없는 천성까지도 꼭 7월쯤의 그 꽃 같다
그날 하루 내 삶엔 애호박만한 가슴이라도 맺혔을까
더듬어 엉기성기 박힌 씨앗에 눈길이 닿았고
어쩜, 세상은 이곳에서부터 희망과 욕망의 내심을 우물거렸
는지도 모른다
사연보다도 먼저 후두두 쏟아질 것 같은 잘 여문 씨앗들
그랬었구나
호박 한 덩이 제 푸석하고 미련스러운 몸집 속에
하얗고 샐촘한 사리를 여름내 틔우고 있었음을,
큰 산 스님의 말씀을 벗겨내듯
비스듬 칼을 겨누어 일련의 호박고지를 길게 켜낸다

여행

뱃길이 열리자 뭍과의 인연이 닫힌다
어슴어슴 챙겨지던 행선지가 닫히고
뱃머리를 끌고 가던 갈매기도
이젠 흰 울음만 남긴 채 멀미 밖으로 닫힌다
백도 지나 거문도 가는 길
인화성 짙은 파도 저쪽에서 불길이 솟았고
배, 한 척의 화염이 바다 위에서 솟구쳤다
바다 위를 떠다니던 눈길들 순식간에 화염 속에 붙들리고
누구부터인지 몰라도 몇 개의 경악이 갑판 위로 모여들었다
속수무책, 소방차가 닿을 수 없는
누구 하나 물 위를 걸을 수 없는
그 위에서 한 척의 불난 집을 바라보는 일

잠깐의 어수선을 뒤로 한 채
백도를 지나 거문도로 가는 길
그 사이엔 소방서도 없고
소방도로도 없고
이면도로도 없지만 방화는 있었다
백도에서 거문도 사이 바다 위
세상 누구라서 한 척의 방화협의자로 바다를 의심 하겠는가

소

짚동가리가 타들어 간다
거센 바람을 타고 불길이 뛴다
외양간,
소의 눈에서 불이 이글거린다
고삐를 움켜쥔 아버지는 워워… 잔등을 쓰다듬으며 소를 끌어내려 했지만
화염 속에서 좀처럼 움직이지 않는다
제 새끼를 다리 사이로 품고서야 주춤, 일어섰고
안전한 곳으로 옮겨진 소의 큰 눈에서 눈물이 흘렀다
이제는 괜찮다며 젖은 수건으로 소를 닦아주던 아버지

아버지와 소는 한통속이었다
쇠전에서 가장 비루먹은 소를 사온 아버지는
쑥 뿌리며 돼지감자 등 보신이 될 만한 것을 먹였다
엉덩이에 엉겨 붙은 똥을 갈퀴손으로 벅벅 긁어주면
소는 답례하듯 꼬리를 툭툭 쳤다
털에 윤기가 나고 잔등에 살이 올랐다
워낭소리만 들어도 발정기를 알아챈 아버지는 씨 좋은 황소를 끌어다 대곤했다
나대는 송아지를 몰아들이느라 학교에 지각하는 날도 숱했고

노느니 소 등에 파리를 잡아주라는 아버지의 주문은 우리를 질리게 했다
　어찌 보면 우리 집의 가장 상전은 소였다
　소 서너 마리 장에 나가는 날은 소 대신 땅문서가 들어왔다

　소 보다 먼저 늙어간 아버지
　묵정의 기억이 되새김질처럼 고이고 아버지의 땅에 잡초만 무성하다

순간,

어깨에 뭐가 툭 떨어진다
위를 보는 순간
헤벌쭉 벌린 입으로 묽은 것이 쑥 들어온다
에구머니,
전깃줄에 앉은 비둘기 소행이다
내 입 안에 볼일을 보고는
뒤를 닦는지 날개를 들썩인다
고함을 지르고 돌팔매질 했지만 그 놈 꿈쩍도 않는다
콩 심던 날
콩 파먹는 놈을 돌팔매질로 맞춘 생각이 났다, 보란 듯
제대로 당했다
그 놈 참 걸다

입동

대지가 가마솥이다
풀들 삶아 놓은 듯
숨이 죽고
나뭇잎 붉게 익는다
태양이 지핀 불에
바람의 부채질에
후끈 달궈진 식물의 아궁이
안개가 김을 올린다
홍시만 남겨진 감나무에 서릿발 걸린다
막바지 가을이 담금질 되고 있다

3부

공룡알
— 볏짚

추수를 끝낸 들판은 공룡의 산란지 같다
하얀 무게를 들 쓴 화석이며
들녘을 점거한 채 또 다른 과거를 부화시킬 은밀한 산란처다
오래된 비밀을 가두었을,
화석이 되기 위해선 숱한 지혜를 갈아치웠을 것이고
수억 년 바람을 한 곳으로 몰아왔을 식물의 근기가 필요했을 것이다
달의 이름으로 무수한 절기가 들렸다 나가고
새의 노래가 깜부기로 변해있을 낡은 성장
그렇다면 저 안 저것들 부화를 꿈꾸고 있단 말인가
몇 덩이 볏짚이 뉘 집 외양간을 살찌우는 동안
미꾸라지가 물장구치고
메뚜기가 뛰어넘던 기억이
언 수은주와 간 섞인 바람 속에서 부화되고 있음을,

노을로 꽉 찬 들녘은 거대한 조산소 같다
아버지의 아버지가 갈아엎던 쟁깃밥과
일소의 거대한 울음까지 속속 잉태하고 있을까
저 둘둘 말린 볏짚 속에
내 유전자의 안쪽이 흙과 은밀하게 소통하고 있음을 알아챈다

언제부턴가
축생의 되새김질이 있는 가을 들판에서
티라노사우루스를 떠올리는 건 금기다
저것을 공룡 알이라 생각하는 건 원시의 착각이다
들판 안 화석의 시간을 벗어나며
나는 내 안에서 부화되고 있는 식물성 그리움을 둥글게 말아
쥔다

동거

피아노 안, 공존이 시작되었다
건반 밑 좁은 틈을 허용하면서 시작된 금지된 장난
쥐가 피아노 속에 둥지를 튼 것이다
소리의 통로가 점거당하고 갉아 먹히는 동안
화음은 잘게 뜯겨진 채 쥐의 둥지로 변해갔다
젊어 한때 금지곡을 애창한 것처럼
하수구를 드나들며 물어 올렸을 위반의 소리가 그 속으로 난입되었고
내가 즐겨 연주하던 고양이 왈츠도
쥐가 영역을 넓히는 것을 막지 못했다
어떤 음악도 쥐의 침입에는 속수무책이었다
피아노 안
쥐의 거주는 계절이 바뀌는 동안에도 계속되었고
소리가 절룩이고 건반이 기우뚱해지고서야 침입자를 알아챘다
어떤 쥐는 점점 텅 비어가는 피아노 속의 굶주림을 피하여
습기 차고 불결한 하수구로 되돌아갔을 것이고
어떤 쥐는 그 안을 조산소쯤으로 착각했는지도 모른다.
피아노를 열어젖히자
건반은 쥐 오줌 섞인 누런 소리로 찍찍거렸고
눈도 못 뜬 벌거숭이 쥐가 내는 소리는 금지곡이거나

여름 한 철 표절 시비로 세상을 갉아먹은
누군가의 유행가였을 것이다
피아노 속, 내 삶의 끈적한 한때를 물어 나르던 쥐
노회한 눈빛 굴리며 노려본다

풀 3

예취기에 잘려나가는 것은 자연의 불똥이다
자연의 호흡과 인공의 한숨을 잇는 용접 질이다
들판 풀벌레 소리와 사내의 땀방울을 맞대어 주는 일이며
우기 끝에 저장된 초가을 태양으로부터
덥수룩한 풀씨에 휴식의 용접 질을 해주는 일이다
폭염에 골절되어 있던 여름을 가을과 이어주는 푸른 불똥들,
풀의 분신이 무너진다

그래 설까
모든 용접 질은 결국 이승과 저승을 잇기 위해 무덤으로 가고
잘못 깨어난 벌떼들에 의해 벌벌벌 용접의 한 끝이 움츠러드는,
폭염과 가을 사이를 잇고 있는 투명한 날 끝에서
이승의 애환이 불똥처럼 튀어 오른다

봄날에

나무가 펌프질 시작할 무렵
접을 붙인다
품종 좋은 감나무 순 잘라 며칠 땅에 묻었다가
볕 좋은 날 골라
고욤나무 밑둥에 감나무를 합궁 한다
푸른 기운 감도는 바람 밀어 넣고
뻐꾸기 울음까지 싸잡아
통정이 잘 되도록 비닐로 칭칭 감는다
뿌리만 남겨진 고욤나무
물길을 내고 옹이를 만들며 감나무에 싹 틔울 것이다
뻐꾸기가 남의 둥지의 알을 밀어내고 슬쩍
제 알을 슬어놓는 것처럼

밭둑 키 큰 고욤나무는 겨울을 나는 힘이었다
눈이 허옇게 쌓인 항아리에서 퍼내온 고욤을
툇마루에 앉은 햇살과 버무려 먹곤 했다
수저 부딪는 소리는
이내 질그릇의 바닥을 긁었고
겨울은 뱉어낸 씨앗처럼 까뭇하게 흩어졌다

>
　고욤나무에 접목을 한다
　그 단단한 뿌리에 감나무 실한 열매를 얻기 위해
　눈과 눈 사이
　칼집을 넣는 사내의 손끝이 파르르 떨린다
　내,
　싱거움도 칼칼한 사내와 접 붙으면 간간해질 수 있을까

귤을 따다
— 제주 4·3 사건

햇살들, 저 안에 들어가 칸칸의 방을 짓는다
조천읍 나지막한 돌담 안
가지가 찢길 듯 달린 설익은 태양을 아무런 의심도 없이 비틀었다
푸른 꼭지에서 풋풋함이 쏟아졌다
껍질을 벗기자 태양의 길이 읽혔다
칸칸의 방 속에 가둔,
그렇다면 이 붉음 속에 숨긴 것이 지난날의 과오이며
가을이 완성해내려던 것 또한 그날의 진실일까

갈볕이 아니면
어떤 진실이 칸칸이 햇살을 가두고서 통통 튀는 알들을 번역할 것이며
어떤 신열이 제안의 벽을 허물고서 슬픔의 한때를 내놓겠는가

귤밭엔 욱신거리는 통증이 있다
이 안에 파고드는 바이러스는 햇살의 시큼한 오류다
내가 기록할 수 없는 붉음이며 뜨거운 기억이다
잘못 깃든 햇살인 줄 알고 집어든 귤에서 남방의 역사가 붉어지고 있다

귤을 따본 것이 내겐 경험이지만 노인은 고통이다

말, 말, 말

목에 걸린 말 딸꾹질 한다
헛기침을 하고
쿵쿵거려도 가시로 박힌 말 삼켜지지 않는다
가시를 세우는 날이 많아졌다
중앙선을 넘나들며 쏟아낸 말들
신호를 무시한 과속의 날들
말의 뼈에는 통증이 있어 측근의 가시일수록 날카롭다
포장한 독성일수록 매끄럽다
꽃처럼 피고 바람처럼 흔들리는 게 혀인가
가시 돋친 혀끝에서 붉은 장미 핀다

풍경

고추를 빻는다
톱니바퀴에 맞물린 세상이 오후의 풍경을 곱게 다진다
잘게 부서지는 매움의 속도만큼 그녀의 현실도 분쇄될까
사각의 양철통이 밀어내는 붉은 기다림만 수북이 쌓이는,
매운 일상을 저울에 올려놓는 재래시장
칠순 노모의 하루가 빻아지고 있다
이혼하고 돌아온 딸과 급류에 빼앗긴 아들,
뻐꾸기 같은 사내의 바람기
매움인지 아픔인지 모를 사연을 연신 닦아내며 고추방아를 돌린다
몇 번을 반복하고서야 다져지는 것들 속
한 토막의 대화는 낡고 허름한 짐작으로 저울질 되고
그 안에서 세월이란 늘어난 벨트처럼 욱신거리기 일쑤다
얼기설기한 거미줄에 걸쳐진 한낮의 무료함이
두텁게 앉은 먼지를 뽀얗게 빻는 동안
그녀가 하루에도 몇 번씩 구하는 다짐은 어떤 맛의 사연보다 맵다
벨트에 빼앗긴 둘째의 손가락과
장돌뱅이 사내와 눈 맞아 야반도주한 후론 소식조차 없는 막내,
인생을 빻는다

저울은 모녀의 속내를 아는지 한바탕 흔들렸다 곱게 다져진 마른 무게를 받아내고
 밖엔 싱겁지도 맵지도 않은 발길이 시월 하순 쪽으로 자분자분 지나친다

 저물녘 방앗간을 빠져나온 모녀
 좁은 처마 틈 붉고 눅눅한 석양을 보자
 고추 같은 재채기를 몇 번이고 내 뱉는다

신호등

너무 흔한 교차로를 통과한 게 문제였는지도 모른다
이 세상엔 그처럼 단순한
붉고 푸른 신호만이 있다고 생각했을까
낮에 한 남편의 말이 밤이 되면 적신호로 변하는 갱년기 초입
세상의 나뭇잎이나 하늘의 구름도 삶의 신호가 될 수 있음을
왜 이제야 알게 되었을까
그동안 나는 무수한 신호들과 싸워왔고
골목 조금 너머의 푸르고 붉은 질서들과 싸웠다
끝내는 세상의 길이 멈출 때
나의 길도 멈춰야 한다고 생각했다

애시당초 너무 흔한 교차로를 선택한 게 문제였는지 모른다
거룩한 말에만 귀가 커지고
더 큰 산 더 큰 책에만 눈이 커지는
그런 질서만이 이 세상을 빛낸다고 왜 생각했을까

오늘도 나는 몇 개의 교차로를 통과했다
저녁의 따뜻한 밥을 먹기 위하여
본질과는 다른 종류의 시비꺼리와 언성을 높였으며
취업문제로 예민해진 아이의 고민을

내 눈높이로 끌어내리면서 알게 되었다
사건들이란 늘 황당하고
상처는 가까운 곳에 있음을,
찬바람이 불면서 나무는 가벼워지고
오늘도 난 쓰다 남은 질서를 버린다
점멸등의 신호를 건너지 못한 채
뒤따르던 차량의 경적을 고스란히 받아내고서야
거머쥔 핸들에 고이는 진땀을 수습하며 교차로로 접어든다

경칩

봄을 내려놓고 갔다
나란히 벗어놓은 등산화에 봄이 먼저 와 있다
끈을 단단히 조여 매고 남쪽부터 달려왔나
한때 섬기던 주인을 산으로 들로 떠메고 다녔을 그 안
민들레가 세 들었다
들뜬 뿌리에 바람 들어도
까칠한 태양이 볼기를 쳐도
여린 순 꼼지락 꼼지락 봄을 키운다
덤불 속 등산화에서 뜨내기 봄이 자라고 있다

천년의 미소

사연의 각도에 따라 웃는 모습이 달라 보인다는
석가여래입상 앞에 이른다
마음의 행색에 따라 다른 미소를 보여준다는
마애불의 웃음 속으로 생각의 신을 벗는다
내 어깨에 짊어진 노역과 멀리로만 변명하던 발길,
아직 벼랑을 좁히지 못한 내 호흡이 무심코 걸린다
세상의 미소란 미소는 한 번씩 다 들렀을 백제 마애불 앞에 선다
웃음, 허공에 새기는 바람인가
천년의 미소를 꺼냈을 석공의 손길,
서동과 선화공주의 사랑이 그러하고
발길에 묻은 헛웃음만 털어내고 돌아서는 내 행방이 그러하다
백제 사람을 닮았다는 서산의 미소 앞에 섰다
어둠을 찾아 나섰던 개 한 마리 낯선 발길이 생경한지
몇 걸음 물러서며 허공만 쫓아내고
어떤 미소도 저묾의 힘 앞에선 한낱 바람에 불과한가,
낮 새 졸고 있던 목련 한 자락 야광의 힘으로 다시금 빛나고 있
었다

망초 꽃

망초 꽃은 알이다
흰자위 속 노란 알이 부화를 꿈꾸는 동안
단오는 하지로 넘겨지고
낮게 엎질러진 바람 출렁이는 무리들 속에서 꽁무니 빼는,
흰 초원은 양계장이다
검붉게 익어가는 오디와 지지굴대는 새들이 한통속되어 알을 낳고 있는 중이다

망초 꽃은 가난이다
일 년에 단 한 번
흰쌀 듬성듬성 섞인 양은 도시락에 얹어준 계란이 망초 꽃이라면
도시락에 핀 꽃이 어머니가 매복시킨 생일선물이었나
마늘종보다 매콤한 가난이 들판에 번진다
태양이 달궈놓은 판 위
흰무리들 묵정의 기억을 노릇노릇 굽고 있다

배꼽

둥근 하루가 익고 있다
식탁까지 들어온 햇살을 노랗게 익히는 오렌지
스윽, 칼을 대자 향기가 쏟아진다
막내의 탯줄을 누런 자문지에 둘둘 말던 아버지와
남은 탯줄이 떨어져 서서히 자리를 잡아가던 배꼽
오렌지를 보면 막내의 배꼽이 생각난다
볼록한 배
적당히 돌출된 배꼽
아랫도리를 벗고 뒤뚱거리다 아무데나 쉬, 하며
자신의 뿌리를 내놓고 다니던 막내

두툼한 껍질 안
한통속으로 붙어있는 오렌지를 한 칸씩 떼어 낸다
껍질 밖에선 잡히지 않던,
태양의 날짜가 고스란히 고여 있다
태초의 진원지를 벗어나 또 다른 결실을 이룩한 배꼽들
새촘한 향을 유년의 기억과 맞바꾸며
창밖 수정되지 못한 햇살에 손을 씻는다

건망증

외출 속에서 문득 걱정 하나에 잡힌다
끓이다 만 곰국
구멍 숭숭 뚫린 기억을 되짚어 보지만 좀처럼 여며지지 않는다
우려낼수록 하얘지는 머릿속
다시금 손가락 끝에 숨어 있을 기억의 감각을 거슬러 올라가
심장 속 두려움까지 샅샅 뒤적여본다
없다, 더는 짚이지 않는 기억의 사각지대
모퉁이를 돌고 외출의 분량을 줄이는 사이에도
망각들 불쑥불쑥 걱정을 엿 본다
위안을 틀어막아도 끊임없이 미행하는 불안의 증후
분명 껐을 것이다
일상의 습관으로 보아 방심하지는 않았을 것이다
외출을 준비하는 동안 다녀간 이웃이
내 주의력 많은 감촉을 방해하지 않았다면 분명 잠갔을 것이다
그러나
곰국처럼 몇 번이고 덧 끓여지는 불안감의 자기복제,
재촉하는 귀가 속으로 걷잡을 수 없는 상상이 번진다

마늘

누군들 콧등 시리게 매운 과거 없겠느냐만
매움도 때가 되면 꽃으로 피는지
마늘 꽃 핀다
아린 속 비집어
푸릇하고 매콤한 사연 밀어낸다

8월

식물들의 여름나기는 견고했다
나무는 푸른빛의 위치를 바꾸었고
초록의 지문이 한 계절의 풍습을 잠식하는 동안
반쯤 굽은 허리로 리어카를 밀고 가던 노파
아리랑 노래를 이끌고서 그늘 밑으로 파고 든다
구름 한 점 없는 바람이 풍경을 고정시키고
뒷골목 사람들 오늘도 소란하다
싸움중인지 혹은 서로의 절망에 헛된 문을 내주고 있는지
골목을 빠져나온 고함이 무료한 오후를 뒤흔든다
바깥 움직임들이 착각처럼 새겨졌다 지워지고
리어카가 노파를 밀고 가는지
노파가 리어카를 끌고 가는지
폐지처럼 쌓이는 자신의 일상을 밀면서 간다
낮은 지붕아래 분꽃
소박함으로 하루를 열었다 닫을 뿐
축 늘어진 오후를 빠져나온 여인
계란 반숙 같은 태양을 서쪽 붉은 도마 위에 얹고 있는, 한때

개, 복숭아나무

산사 오르는 길 개복숭아 한그루 있다
태풍에 쏟아지고
성글게 남아 있는 풋 열매 몇
벌레들을 불러 모으느라, 고단하다
태풍 뒤 회복된 오후를 붙들고 있는 복숭아 몇 알
간간히 흘러내리는 설법을 향해 시큼 귀를 연다
한 입 베어 물면 입 안 가득 고일 것 같은 풋풋함
마악 우기와 결별한 들꽃의 수런거림을 바람은 쥐었다 풀고
가뭄을 모르는 나이테 속엔 윤회의 길이 하늘을 밀어올리고 있다
푸른 갈망을 지나쳐 다시 걸음을 옮기자
언제 파고들었는지 가슴 속에서 꼼질거리는 상념 하나
절로 향하는 마음을 자꾸만 발라 먹는다

걸음을 돌렸고
등 뒤엔 아직 덜 익은 절 하나 벌레 먹은 설법만 굴려 보내고 있다

골다공증
― 용문사 은행나무

폭설이 내렸다
눈의 무게를 못 견딘 내 팔 하나가 부러졌다
중심을 잃고 휘청거렸다
나머지 힘으로 버티기엔 나는 너무 늙어버렸다
천년을 버티는 동안 내 뼈는 삭을 대로 삭았고
헐린 뼛속으로 벌레들은 새끼를 낳아 길렀다
가끔은 잘못 날아든 풀씨가 여름 한 철 머물다 가기도 했다
모든 것은 뼈에서 우려진 통증이지만
때가 되면
때가 되면,
세상 밖으로 밀어낼 푸른 꿈을 읽고 싶었다
그러나 회춘을 꿈꾸기엔 세월이 너무 깊다
바람은 뼛속 좀 더 깊숙한 곳까지 파고들었고
물길을 놓친 관절들 깊은 울음을 토해냈다

이틀째 폭설이 계속 되다
풀썩풀썩, 꺼지는 눈발 허공을 엎지르고
풍경소리 마저 고요에 들었다
마의태자의 긴 한숨이 죽비를 내리칠 때마다
내 안의 서정을 돌리려 줄기 아래 혹을 키웠지만

대부분은 우화일 뿐,
봄날이 어찌 들어찰 것이며 여름이 어찌 짓무를 것인지,
바람의 아귀에 헐리는 가지를 온힘으로 잡았다

내 뼈에서 바람 빠지는 소리 거칠다

4부

소리굽쇠

　애당초
　그가 조율하려던 건 피아노가 아니었는지도 모른다

　백건과 흑건 사이의 반음을 고민하는 사이
　그의 삶 절반이 흘렀다
　뭉툭해진 새끼손가락을 세워 소리를 나눌 때마다
　세월은 먼지 되어 햇살 속에서 피고진다
　조율사를 피아니스트로 착각한 애인이
　모차르트나 베토벤 대신 연장들로 가득 찬 가방을 훔쳐보고 도망치려 했던 것처럼
　　흩어지고 남은 소리를
　　엄지와 새끼 사이 한 옥타브로 당긴다

　바람 고른 날 골라 조율을 한다
　악보가 아닌 튜닝해머를 들고 소리의 주치의가 된다
　소리굽쇠의 떨림으로 앞니의 뿌리가 움푹 패인 그가
　볼우물 가득 소리를 가두어 조였다 풀곤 한다
　그의 볼우물과 팔 안쪽의 근육에서 소리가 완성되는 동안
　현은 제 자리를 찾느라 크게 울었고
　저음 쪽의 질펀하고 뭉근한 소리는 디딜 곳을 찾아 순해진다

>

  그가 소리를 다스려 일용할 양식과 바꾸는 동안

  유리문 밖 목련은

  피아노보다 먼저 조율된 바람 불러들여 봄의 왈츠를 준비 중이다

유과

한동안 유과를 좋아했다
한 입 베어 물 때마다 번지는 유분이
변해버린 세월을 되살리려는 듯
혀끝의 기억을 몰아세운다
제상이 차려지고
항렬에 따라 제를 올리는 가족들
무중력 한 그들의 절하는 모습을 볼 때마다
나는 내 안에서 녹고 있는 유과의 기억을 떠올리며
엎드린 뒷모습을 본다
한결같이 평발인 그들
언제부터 그들의 발 모양이 납작해지기 시작했을까
보이지는 않지만 맵고 시큼한 식성이며
어눌한 말솜씨 또한 그들만의 내력일까
갱물이 올려지고
미간 사이에선 단서를 잃은 듯 향이 피어오르고
심중 어느 쯤에선가
유과를 먼저 잡는 나 또한 국화빵 같은
내 내력의 유전자를 떠올렸는지도 모른다

그믐달이 구름 속에 갇힐 쯤
유과처럼 기름진 아이를 앞세워 집으로 향한다

요요

적과 동거 중이다
절박의 끝에서 떼어낸 일상의 군더더기가 벌떼처럼 달겨든다
쉽게 던진 비만일수록 더 큰 무게로 다가오는 법
내가 날씬해지길 원하는 만큼
살은 좀 더 깊은 포만의 숲에 갇혀 있길 원한다
요요가 멀어지던 탄력의 끝으로 흩어지던 살들
나를 **빠져나갔던** 눈금은
식욕의 거리만큼 멀어졌다 되돌아오고
체중을 따돌리기란 나무가 바람을 비켜서는 일과 같다
비만의 층을 밀어내기까지
유혹은 얼마나 허리띠를 졸라매야 하는지
요…요
비밀의 층이 물컹해 지지 않는 것으로 보아
내 안의 포식자들 쉽사리 물러설 기미가 없다
이대로라면
몇 잎의 계절을 저울질 할 수도
피아노 검은 건반처럼 반음의 무게를 올릴 수도, 내릴 수도 없다
그러나 순간이다
나를 멈출 수 있는 건
식빵 한조각의 푹신한 안도감도

긴 부츠, 늦가을의 유행도 아니다
배꼽티 한 장과
호리병 같은 외투 한 장이면 그뿐
지금 나의 고삐는 요요다
가운뎃 손가락의 요요를 탁, 풀어 지독한 식욕을 던진다

태양의 뒤쪽

하늘 저쪽 낮달도 지난밤 폭우에 휩쓸려 궤도를 잃은 걸까
홍수에 떠밀려온 사연을 담벼락에 말리는 오후
길을 놓고서 절망 한 켠으로 내몰린 가로수와 세간살이들이, 붉다
집터가 있었던 빈자리를 서성이다가
문득 기억의 급류를 뒤적이던 한 사내 나와 눈이 마주치고
식수, 물에 다치고 나자 슬픔을 헹궈낼 물들은 어디에 있는 걸까
입 안에 고이는 쓴내가
삶의 한쪽을 허물며 뼈 속까지 스민다
물가에 삶의 내력을 틀었던 어미 새
나자빠진 나무속에서 어제의 둥지를 헤집는다
공중의 노래들이며 휴식들
그리고
잎들의 위치를 되돌리려는 듯 뿌리 뽑힌 주변을 한참이고 집착한다
태양만은 지난밤의 사연을 아는지
범람의 모퉁이를 붉게 개칠하며 서쪽으로 기울고 있다

그립다는 것

허적허적 걷는 멀대같은 남자의 뒤로 걷는다
남자의 겨드랑이도 못 미칠 내가 걷는 속도와 그의 보폭은 안전거리였다
가끔 두리번거리기도 했지만 상상하기 좋은 거리다
콧노래는 저수지로 흘렀고 신발뒤축에서 게으름이 읽혔다
태생을 숨긴다고 물살이 흔들리는 건 아니지만
저수지에 떠 있는 다리 긴 벌레이거나
사냥을 앞두고 숨죽이는 늑대 같다는 생각이 들었다
햇살이 그네를 탔고
목책에 앉았던 새가 날아가는 것 말고는 조용했다
한때 알았던 사람의 뒷모습을 닮은 때문일까
생각이 곰삭으면 그리움이 된다는 것을 가르쳐준 때문일까
남자의 뒤를 따라 걷는다
풀잎에 맺힌 이슬이 흘러내리는 속도로 무뎌지는 호흡들
생각의 막다른 커브에서 남자는 가버렸고
나의 되새김은 한참을 더 걸었다

갈참나무

내 집 아궁이는 갈참나무의 천적이었다
뒷산 갈참 잎은 해마다 나뭇간을 채웠고
그 맛을 아는 아궁이는 가을을 손꼽아 기다렸다
바람의 사연을 꼼꼼하게 새겨 넣은 때문인지
성냥개비 하나로도 온 산의 내막들 아궁이 속에서 대낮처럼 밝혀졌다
불길이 맑아지는 동안 산새의 노래는 연기가 되어 날아갔고
아궁이 속은 제 숨통을 끊는 소리로 한바탕 소란스럽기도 했다

오솔길은 갈참나무의 대합실이었다
침엽은 허공을 기우며 숲 안쪽으로 달아났고
태양이 노을을 엎지르자
오솔길은 상상을 받아내기에 분주했다
느린 걸음으로 숲을 빠져나온 산양
도토리 같은 거뭇한 근심 한 움큼 쏟아내곤 사라지고
딱따구리가 산을 깨우기도 하지만
숲으로부터 자유로운 건 상상 뿐이다

어린 시절
숲의 주인은 아궁이였다

갈참나무가 제 몸의 무게를 비울쯤 아버지는 서둘러 지게를 메셨고
　멜빵 깊숙이 어깨를 묻은 아버지는 온 산을 지어 올리듯 老軀를 추슬렀다
　그런 날의 오솔길은
　옹골찬 기억을 툭,툭 떨궈내고 있었다

단골손님

유리문에 파리가 붙어 있다
올 들어 처음 본 놈
반갑다는 건지 두 손을 싹싹 비빈다
잘 부탁하겠다는 건지 꽁무니 날개를 들썩이며 호들갑이라니,
갑질에 무릎 꺾였을 때 나도 저랬을까
꼴사납다
빌 때는 언제고
밥상머리 와서 껄떡대는 것이 가관이다
윙윙대며 비밀이라도 폭로하겠다는 듯
여기저기 간을 본다
저 놈을 그냥,

무궁화

무궁화가 흔들리는 건 바람 때문만은 아니다
슬픔의 인력 때문이며
요 며칠 인적없이 끊어졌다 장지로 향하고 있는
노인의 아침 행렬 때문이다
그 배웅의 길이 들을 건너고 물을 건너야 하기 때문이다
무궁화는 영면이다
슬픔의 환영이며 가슴을 쓸어내는 팔월의 哀歌다
마음의 강을 내보려
인연을 얽구고
그 사랑 세월을 피워내고 망각을 들쓰고
들판의 어느 쯤 흩어졌다 모여드는 바람 같은 것이다

무궁화가 휘청거리는 건 필시 바람이 불지 않기 때문이다
만장이 멈춰있기 때문이며
멈춘 채 움직이지 않는 꽃상여 때문이다
어디 멈춘 채 피는 꽃이 있으며,
피지 않고 지는 넋두리가 없으랴
그 옆엔
북쪽 땅 무궁화를 보는 게 소원이라던 실향민이
바람없이 이승을 건너가고 있다

바다를 기억하다

먼 바다로 나간다
뭍에서 멀어질수록
무인의 섬으로 다가설수록
내가 꿈꾸던 바다엔 갓길도 이정표도 없다
바다에서 길을 묻는 건 목마른 여행자의 갈증 같은 것이다
내가 실종되고자 하는 며칠을 번역하기 위해 옥돌을 굴리는 해안선과
알리바이를 숨기기 위해 끊임없이 뒤척이는 물들
기억이 출렁일 때마다
요요처럼 돌아오는 물의 주름살을
바다의 고샅길이라고 착각해서는 안 된다
물이 샛길을 내는 동안
생각은 어느 방향으로 커브를 그어야 할지 주춤거리고
누구든 바다에 들면 흰 버석거림과 조우하게 된다
태양은 짠기를 피할 수 없어 저녁이면 붉게 충혈되고
수평선 가까이 내려온 저묾은 정박할 곳을 찾아 물결친다
바다는 기억의 늑골이다
이곳에선
어떤 사연도 버석거리지 않고는 온전히 제 기억을 떠올릴 수 없으며

어떤 이별도 짠 바람을 들쓰지 않고는 완성되지 않을 것이다
실종을 따돌리기 위해
물의 모서리를 허무는 뱃전과
한 줌의 기억을 소금으로 저장하기 위해 끊임없이 버석거리는 나는
분명 물들의 사막을 건너는 중이다
더 먼 항해를 위해 길을 잃는 여행자처럼
사방이 고요해질 때 침묵의 뿌리 돋을 것 같은
그,
거대한 은신처 속으로 곰삭은 생각을 벗어놓는다

가혹한 동거

나의 감옥은 활자들이어요
쉽사리 기척하지 않는 언어와
턱을 괸 오후는 풀밭을 건너지 못한 채 푸르름을 잃었지요
생각의 뿌리를 행간과 행간 사이로 밀어 넣는 일이거나
나무에서 강을 퍼내는 일
산자락을 파먹는 딱따구리 울음이 강물로 넘칠 때까지
비문들 수없이 갓길을 내요
벌레 먹은 문자들 숭숭 구멍이 뚫리고
그 안에서 푸른 잠언을 찾아 깃들기까지
갓 구워낸 활자는 푹신하거나 바삭해요

헹구다만 치약처럼
솔잎 향의 문자가 입 안에서 뽈질을 해요
입술과 입술 사이
저항하는 활자 둘둘 말고 선잠에 빠져요
굳어진 문장의 체위를 바꾸는 일도
몽당연필 하나면 충분할 거라는
잠꼬대의 무게마저도 감금당하고 말아요
사막에 몰아치는 폭설 같은 상상
활자와의 동거는 모던하지 못해요

＞
　내가 낳고 또 낳을 불면의 문자들
　디딜 곳을 찾아 버벅거려요

폭설

큰 손님 오셨다
산의 비명이 날카롭다
수백 년 견뎠을 직립의 시간이 허물리는 순간
청룡사,
천년의 고찰도 숨죽였으리라
푸르게 지킨 침엽의 날이
몸통을 꺾고 산을 꺾었다

딴청 피는 하늘이 무심하다

지붕

이엉 엮기가 한창인 민속마을
분주한 손길 속에서 지붕이 빠져나오고
이엉을 잇는 일은 하늘을 갈아입히는 것이다
낮은 곳으로 미끄러져 내려온 몇 줌 하늘을
지붕 꼭대기로 다시 끌어올리는 일이다
썩은 지붕을 걷어낼 때마다
놀란 햇살들 꿈틀, 구름장 밑으로 파고들고
다시, 세월을 깁는다
내 안 어디에선가 잘 여며지지 않던 기억을 깁는 중이다
과거가 쫀득하게 보존되어 있는 구멍가게
라면 땅, 뽑기가 금 간 유리창 격자무늬 속에서 낡아가고
술독을 맴돌던 해장기 놓친 햇살
돌담 안 기척을 엿보며 빈 대궁만 남은 아주까리에 시비를 건다
멸공방첩의 포스터와 흑백의 광고물 담벼락 낙서까지
눈깔사탕만 해진 기억을 좀처럼 놓아주지 않는,
헛기침에 찔린 바람 사다리를 오르고
노인들 몇 생의 주름을 잡아가듯 이엉을 엮는다
지붕 위
누군가의 바지 주머니에서 도시 저쪽이 울렸고
핸드폰을 꺼내 든 노인의 목소리엔 세월의 덜 삭은 사연이 묻

어난다
  지붕이 다 여며지자 겨우내 뜯어져 있던 하늘도 파랗게 꿰매졌고
  해묵은 구름
  찌든 태양도 새로운 단장을 하고서 지나칠 것이다

관계

검은 봉지 속
어머니가 보내 온 감자
베란다 귀퉁이에서 분주한 일상을 엿보고 있다
쪼글해진 감자
봄을 밀어내기 위해 마지막 힘까지 썼는지
묶였던 비닐매듭이 툭 풀어진다, 순간 푹 꺼진 어머니의 젖무덤처럼
봉지 속 연한 햇살이 들 비친다
뒤엉킨 잔뿌리와
보랏빛 줄기에 매달린 고물고물한 알갱이
당혹감은 봄의 후미진 안쪽을 서성이게 한다
새로운 시작 앞에선 어떠한 존재도 제 몸 하나 거들떠보지 않음을,
자식을 키우는 일이거나
곡식을 길러내는 일이거나
다시 늙은 몸이 되어 미망의 시간을 배웅하는 일까지

감자 몇 알
검은 봉지 안에서 봄을 받아내고 있다
겨우내 언 몸으로 버틴 독한 전생이 있다

이런 고얀 것들,
감자의 표면을 뚫고 나온 몇 개의 공복을 뚝뚝 떼어내며
눅눅하고 쭈글한 길 밖의 시간을 벗긴다
수제비 반죽을 떠 넣으며
물리도록 담아내던 어머니의 두레밥상을 생각한다

가끔씩 고요는 90cc다

잡초 무성한 자리 툭툭 걷어내고 대추나무 몇 그루 심는다
놀란 고요가 공중으로 퉁겨지고
묵정의 돌멩이들 심드렁 깨어난다
빈 병에 갇혔던 뻐꾸기 울음이 밭 둔덕의 들꽃을 낮게 흔든다
박카스 같은 졸음이 상표 흘러내린 자국처럼 얼룩지고
빗물 고인 그 안쪽은 마치 햇살도 바람도 아닌,
대추나무는 이제 여름을 향해 달려갈 것이다
곧 얼마만큼의 꽃을 끌어 모을 것이고
얼마만큼의 성장을 부추길 것이다
박카스 속의 빈 계절을 들여다보며 푸르고 여린 가시를 늘여갈 것이다
가끔씩 고요는 90cc다
밭머리에 이른 스쿠터가 뭔가 잠언이라도 던질 듯
동력을 늘였다 줄였다, 하는 건 묵정밭의 내력을 캐려 했음일까
대추나무가 제 분량의 계절을 짓고 창을 내는 동안에도
나는 언젠가 수확할 조율이시棗栗梨柿의 풍습만 꼽고 있으면 그뿐
가끔은 천둥이 도장을 찍고 나는 그 나무 달래어 길흉의 인감을 새겨 넣어도 좋을,

>

  봄의 어귀에 대추나무 몇 그루 심는다
  묵정으로 몰아치던 마흔의 문턱에 움이 돋고 꽃이 피듯
  잡초 무성한 세월 몇 삽 퍼내고 대추나무를 들여 놓는다
  가끔은 90cc를 훌쩍 넘는 내 안의 굉음들이 가시를 키우지만
  대추보다 먼저 붉어질 마음 한 자락 허공에 슬쩍 걸고서
  고물거리는 생각을 삽질한다

매듭

굿판이 열린다
죽음과 내통하는 주문이 시작된다
물속에서 건져 올린 젊은 넋
징소리로 깨어나 무녀의 춤사위로 들어온다
고깔로 불러들인 의식이 버선코로 빠져나갈 때까지
삶과 죽음의 경계를 넘나들며 물의 한때를 집착으로 몰아간다
세상의 죽음이 한번쯤은 들렀을
세상의 소리가 한번쯤은 내질렀을 절망을 따돌리며
무녀의 몸짓이 살아나고 있다
익사의 깊이를 짐작하려는 듯 누군가는 물 가까이로 다가서고
이젠 잡힐 것도 같은 실마리에 뒤엉켜 생사의 안쪽을 넘나든다
삶과 죽음의 경계가 봄눈처럼 헐리고
바다를 응시하던 무녀의 표정이 삶 저쪽의 날을 붙들기 시작한다
징이 울린다
징이 징을 치고 사연이 사연을 물고 늘어진다
삶의 곳곳이 진혼곡에 휩싸인 채 매듭을 풀어내고 있다
굿판이 달궈진다
낙관처럼 찍힌 죽음 하나에 하늘 길을 열어주고 있다

\>

덜 삭은 한 몇 줌 훔쳤는지

청설모 하나 비밀이라도 숨기려는 듯 빠르게 잣나무로 오른다

이야기
— 가을

상수리나무 툇마루에 가을을 떨군다
털 퍽 앉아있던 햇살 강물로 뛰어들고
물 밑을 서성이던 그림자
오후의 나른함을 하류로 밀고 간다
기억을 옮기고 싶었음일까
낡은 목선이 물길을 열 때마다
뱃머리를 치고 달아나는 물의 주름살이 햇살을 흔든다
도토리 같은 기억이 출렁인다

가묘먼저 짓고서 이승의 변고를 면 하려던 아버지
키보다 높은 지게와 함께 수런, 늙어가던
모시적삼 흠뻑 젖은 땀 냄새는 간데없고
구절초만 무던히 핀 무덤가
갈볕에 속절없이 붉어간다
무덤에 난 잡풀을 뽑는다
좀처럼 뽑히지 않은 것 같은 아버지의 아집을 뽑아낸다
가슴 한쪽이 툭 풀어진다

강가 정자나루에 서 있다
제 몸 제 부피를 물속에 가늠하는 마루나무는

물의 내력으로 저녁의 깊이를 더 늘리고
나는 어디에도 새겨지지 않을 것 같던 그리움을 강물에 흘린다
이제 내 성장의 한때를 지배하던 부계사회는 어디에도 없다
묵정 세월을 보냈음인지
건너편 대추나무 때 이른 저녁을 밝히고, 나선다

먼 산

잎이 나무를 버리기 시작했다
여름내 견고하게 쌓았던 푸른 질서
그것을 허물고 잎새가 나무를 던진다
단 한 번 윤회의 깨달음으로 제 뿌리를 버리기 시작한다
바람의 모퉁이를 돌아 도시가 허용해주는 곳까지,

낙엽을 따라 나무의 각질 사이를 헤적헤적 걷는다
나의 기다림도 오후가 되면서 단풍이 들기 시작할 것이다
물려 둔 약속이 물들기 시작하고
갈등들, 그리하여 이 숲으로 되돌아올
그리움도 빠르게 물들어 갈 것이다

잎이 지상으로 뛰어내리는 건 그러나 아주 짧다
속절없이 붉다 잊힐 먼 산 같은 사람 하나
가슴 깊이 두고 싶어 오후의 잎은
끊임없이 나무를 버린다

부석사

종을 친다
소리를 쳐 고요를 깨고 헛먹은 나이를 깨운다
서해로 흘러들고 남은 소리들 꽃 속에서 종소리로 운다
울음에 겨워 겹겹이 문을 연 꽃들
종은 꽃으로 울고 내 울음은 꿀 먹은 벙어리다
법문이 꽃으로 피는 것만은 아니듯
수없이 피고 지며 열매가 되지 못한 것들 촛농으로 흘렀으리
봄날 한때
부석사에 이르러 무뎌진 체온을 짚어본다
합장한 마음보다 먼저 일어서는 통증들
지나온 날이 기원이 되고
기원이 소리가 되기까지 파도는 쉼 없이 밀려와 시간을 버리고
바람은 풍경을 잠재웠으리라
줄지어선 초파일 등이 왕 벚꽃을 탁발하는 부석사
깊디깊은 범종소리
바위에 붙은 동전마저 울리려하는가
절간으로 향하는 열망들
저 긴 울림 받아낼 수 있을까

해설

근원과 초월의 세계, 서정

김병호 문학평론가

근원과 초월의 세계, 서정

김병호 문학평론가

　인간은 얼핏 자신의 동족인 인간들과만 더불어 세상을 살아가는 것 같아 보이지만, 실상을 그렇지 않다. 하늘과 땅, 바다와 산, 강 그리고 수많은 생물들과 함께 살아간다. 이러한 동식물들은 다양한 형태와 형식으로 인간에게 유익을 주면서 함께 공생하기도 하지만 이따금 엄청난 해악으로 다가와 인간의 삶을 위협하기도 한다. 이러한 자연의 양면성은 그 자체가 시로 은유되기도 한다. 즉 자연의 양면성이 문학의 본질이라 할 수 있는데, 이는 문학의 또다른 운명으로 간주할 수 있다. 전통적 문법에 의해 문학은 인간과 인간 이외의 자연을 구분하면서 인간을 유일한 주체로 상정하고 자연을 인식해왔으며, 자연을 인식의 대상으로 범주화하는 데 독선적 모습을 유지해왔다. 문제는 이때의 범주이라고 생각되어진다. 인간의 삶이나 일생은 인간에 의해서만 영향을 받고 인간에 의해서만 위로받는 것이 아님에도 불구하고, 다수의 문학 속 주체들은 자연을 철저히 다른 범주에 가두어버린다. 이 범주의 구분은 문학 질서의 진행에 따라 다른 차원으로 격리되기도 하는데 이러한 현상은 결국 상상력의 제한을 가져오게 하였다. 그러나 한인숙의 경우 이러한 사정이 개성적으로 완화되어 대상이 된 자연 즉 특히 식물이 시적 자아로 발전하거나 상징적 인격체가 되는 일이 관습적으로 펼쳐지고 있다.

시인은 접시꽃, 무궁화, 메밀꽃, 호야나무, 은행나무, 고욤나무, 복숭아나무, 갈참나무, 대추나무, 상수리나무, 호박, 감자 등 다양한 식물적 세계를 자신의 시세계로 확장시키고 있으며, 마이산이나 해미읍성, 조천읍, 용문사, 민속마을, 안동 화회마을, 청룡사 등을 풍성한 상상력을 갖출 수 있는 배경으로 이용한다. 또한 시인은 시장통 어귀의 공갈빵이나 오월의 미용실, 자장면, 절구와 공이, 시계, 피아노, 신호등 등 사물의 세계를 통해 체득한 삶에 대한 이해의 폭과 깊이도 가감없이 펼쳐보이고 있다. 더불어 그는 작품에서 신비주의적 요소를 공유하거나 신비적 분위기의 넘나듦을 자주 보여주는데, 아마도 시에 대한 근본 정신의 원형이 자연의 신비에서 기인된다고 믿는 탓으로 보인다.

시인이 보여주는 시적 여정은 지극히 편안하고 손쉽게 이루어지지만은 않는다. 그래서 시인이 그려내는 고인돌이나 바다나 들판이나 폭설익 세계는 시인에게 단순한 위무의 대상이나 환상성을 제공하는 것에 그치는 않고 독자와의 시적 공감을 적극적으로 시도한다. 자연에 대한 깊은 애정과 관찰을 통해 생명과 유년의 그리움의 근원을 발견하고 시로 형상화해내는 한인숙 시인에게 원형의 공간은 내부의 충일로 자리 잡고 있다.

풀들의 환승역은 겨울이다

침묵을 묻고서 무심히 갈아타는 누런 사유의 행방

어디선가 메마른 바람 일어서고

발 저린 기억의 반쪽이 추억깊이 체온을 찔러 넣고서

허공에 깊이 휘파람을 날린다

언젠가 푸르렀던 이름의 옆자리를 떠올리며

공백의 한끝,

묵정의 안부가 열렸다 닫힌다

이미 지상을 빠져나간 시간은 무효다

사리라도 쥐어진 듯 지난여름 들끓던 울음의 알들은

바람이 빠져나갈 때마다 늑골이 휘고

푸름을 버텨내던 태양은

벌레가 진화하기에 충분했다

이맘쯤의 풀은 갓 구운 허무처럼 파삭하다

바람 깊이 묻어나는 경련이 텅 빈 고요를 흔든다

사유들이 땅 밑으로 내려간 계절의 끝

오래된 역처럼 제 몸 한켠 날것들에 비워준,

지난 밤 안개를 불러들였던 것도

풀들의 겨울나기였을까

―「풀 9」전문

    일반적으로 시인이 지닌 지나친 열정은 되려 사물이나 현상, 즉 시의 대상을 제대로 드러내는데 방해가 되기 쉽다. 감정과 해석이 배제된 채 바라보는 관찰이 바로 시선의 힘이며 시의 기본이기 때문이다. 얼핏보면 별일 아닌 것처럼 쉬워보이기도 하지만 이러한 시선은, 시인이 자신의 감정과 생각, 이념을 전략적으로 통제할 수 있을 때에만 가능하며, 비로소 시의 힘으로 진가를 발휘할 수 있게 된다. '겨울'과 '공백의 한끝'을 이어내는 사유에는 과잉된 감정이나 해석의 그림자가 없다. 푸르름을 벗고 누렇게 변색된 풀빛과 메마른 바람과 버려진 묵정밭의 풍경은 어느 작품보다 유기적으로 단단한 구조를 갖추고 있다.

  시인의 인식에 남다른 탁월함을 보이는 대목은 "이맘쯤의 풀은 갓 구운 허무처럼 파삭하다"라고 진술하는 대목이다. 겨울의 황망함을 허무로 바로 연결시키지 않고, 허무를 갓 구워 파삭하다고 감각적으로 이미지화하는 기술은 시인의 또다른 차원의 능력이다. 이처럼 한인숙 시인은 시적 대상 혹은 시적 세계를 이만치 혹은 저만치에 위치시키면서 그 사이에 침묵을 만들어 넣고, 낯선 친화력을 형성한다. 겨울이 풀들의 환승역이라는 심상치 않은 상상력에서 출발한 이 작품은 "지난 밤 안개"를 불러들이며 마무리된다. 이 맥락은 이전 시행에 잠재되었던 것이 아니라 갑자기 튀어나오면서 맥락적으로 환기적 기능을 수행한다. 그냥 기술적 환기가 아니라 작품을 읽는 독자로 하여금 시인에 의해 포착된 풍경과 함께 시인 자신의 내면을 동시에 체험하게 하게 하는 도구로 활용되고 있다는 점에 주목해야 할 것이다. 이런 기법을 통해 시인은 겨울 풍경의 황량한 풍경을 내면으로 끌고 들어와 독자와의 공감을 배가시킨다. 더불어 풍경에 대한 속도감 있는 변주를 통해 관찰의 대상을 표현하고 그 대상을 따뜻한 시선으로 바라보는 시인의 내면도 자연스럽게 그려낸다. 시인은 즉물적인 묘사에 있어서도 그것을 건조함으로 떨구지 않고 촉촉한 습기로 적시어 냄으로써 자신이 원하는 시세계를 구축하고 있는데, 이러한 식물성의 세계는 시집 전체를 통해서 싱싱한 탄력을 제공하는 중요한 역할을 해내고 있다.

숲으로 든다
견고한 소설 속의 한 귀퉁이 같은 숲의 문을 연다
오두막은 이럴 때 잠들어 있어도 좋다
한낮의 태양을 받아내던 창유리와
긴 정적을 슬그머니 들여다보았을 자작나무의 움직임은 오후쯤이 적당했으리라
내가 이곳에 온 것은 갇혀있던 호기심이 깔깔대며 숲을 누볐기 때문이다
뻐꾸기가 둥지를 들이밀고
붉은 한낮을 부화하는
이 안의 비밀을 누설하려는 듯 깃들었던 발길,
그때 나는 내 심장이 얼마나 음험한지를 주인을 몰아내고 둥지를 살피면서 알았다
부화가 덜된 채
깃털을 들쓰고 있는 둥지 안의 알들
호기심도 오래 들여다보면 나무가 된다
내 심장에도 언제부턴가 푸른 잎이 돋기 시작했다
숲과 오두막을 동경하는 나무 한 그루 자랐다

하지만 이 숲의 주인은 오래 전부터 자작나무였다
내 심장을 찌르던 푸른 향기와
방금 전 오두막을 들여다보던 자작나무의 감촉은 사뭇 달랐지만
오솔길이 그림자를 숲으로 넘기는 동안에도
자작나무가 가두었을
새와 태양과 내 안의 비밀을 바람은 알 것이다
숲에 들면 깍지 낀 생각이 자라고 부화를 미룬 호기심이 바람을 찌른다
— 「자작나무」 전문

　한인숙 시인은 일련의 작품들에서, 속도감 있는 율동을 진행시키면서 불필요한 설명과 주관을 배제하는 경향이 자주 노출된다. 구체적 사물과 추상적 명제를 효율적으로 병치시키면서 시를 전개해나가는 시법에 능숙하다는 의미이다. 어느 측면에서는 경이롭기까지 한데, 위의 작품을 살펴보면 쉽게 공감할 수 있을 것이다. 한낮에 숲에 든 화자는 뻐꾸기 둥지에서 부화하는 알을 훔쳐보며 '호기심'에 대한 남다른 사유를 펼친다. "호기심도 오래 들여다보면 나무가 된다/ 내 심장에도 언제부턴가 푸른 잎이 돋기 시작했다" 화자에 의하면 호기심과 동경은 세상을 바라보는 은밀한 힘이다. 화자가 숲을 "견고한 소설 속의 한 귀퉁이 같"다고 한 만큼, 소설로 비유된 숲은 시인의 문학적 세계, 내면의 세계를 총괄하게 된다. 이러한 상상력을 통해 시인은 사뭇 달라진 감촉을 갖게 되고 "오솔길이 그림자를 숲으로 넘기는" 저

녁이라는 진정한 사유의 시간을 만나게 되는 것이다.

  시인이 가지고 있는 또다른 힘은 결국 세계와 사물에 대한 총체적 관찰, 무엇보다 그 대상을 유기적 관계로 바라보는 인식에서 유래하고 있다. 숲의 뻐꾸기 둥지와 자작나무를 통해 호기심의 유기적 특성을 파악하고 이를 내면 풍경으로 그려내는 역동적 서늘함은 경이롭다. 시인은 삶과 경계를 이루는 숲의 공간에서 주관과 객관의 이분법적 가치가 사라진 자신만의 시적 공간을 구축하고 여기에서 하나의 절창을 이뤄낸다. 그런 맥락에서 위 작품은 한인숙 시인만이 가지고 있는 시 쓰는 일에 대한 비밀이라고 할 수도 있다. "깍지 낀 생각이 자라고 부화를 미룬 호기심"이 팽창되는 풍경은 시인이 사물과 현상에 대한 편견 없는 총체적 시선을 가지고 있다는 것을 보여주는 하나의 단면이 된다. 시인은 자신만의 개성적 상상력으로 펼쳐내면서 역동적 묘사를 이뤄내는데, 이는 좋은 시를 읽고 난 다음에 느껴지는 따뜻한 독서의 경험에서 확인된다. 시적 대상이 사물이든 사람이든 언제나 자신의 주관을 대상 쪽에 복종시켜 바라보는 시적 시각에서 우리는 시인의 숨어있는 참신한 시선을 발견하며 놀라기도 한다.

     현관 입구 우체통 반송함 위 안경 하나 걸쳐 있다
     며칠째 시간을 보내고 있는 안경
     유년이 반송되는 중인가
     아이를 빠져나간 안경 속으로
     피자 배달원이 지나치고

1002호 선글라스 하이힐의 외출이 들렀다나간다
렌즈의 두께로 보아 원시안의 미아일 것이다
그 두께의 모서리를 깎아내면
어느 쯤 에선가 오롯이 발견될 것 같은 아이의 행선지
심장이 보았던 세상
피터 팬이 보았을 세상을 잃은 채
쉽사리 깨어나지 않는 창밖의 햇살을 우두커니 헤맬 것이다
안경이 두꺼워진다는 건 더 먼 실종을 바라보는 일
오늘 아침 현관 입구에 엎혀 있던 그 아이
둥근 테 안에서 열렸다 닫힐 하루가 뿌옇게 반송되는 동안
아이는 또 다른 실종을 찾아 안경점을 들를 것이고
새로 맞춘 세상 속으로 조금은 낯선 풍경이 환해질 것이다

우리 세월 속에도 잃어버린 안경 하나씩 있다
망각 저쪽으로 반송되고 있을 원시안의 기억들
걸음마를 건너고 좀 더 높은 곳의 상처들을 지나쳐오면서
오목하거나 볼록해진 세월의 흔적이 얼룩져 있다
기억 속에서 유년을 꺼내듯
조금씩 깊어진 실종의 두께 하나씩 걸치고 있다
　—「실종」전문

　시인은 세계인식 뿐만이 아니라 시간에 대해서도 아주 예민한 편이다. 이는 시간을 시의 대상으로서 본격적으로 인식하고 있기 때문에 가능하다. 시인은 며칠째 "현관 입구 우체통 반송함

위 안경 하나 걸쳐 있"는 서사적 사건에 관심을 두고 있지만 그 지점에서 발생하는 특별한 사유는 시간과 세월의 흔적이다. 시인은 돌이킬 수 없는 "세월의 흔적"을 "실종"으로 비유하면서 시간의 덧없음을 예리하게 간파하고 있다. 그러면서도 이러한 시간의 흐름에 집착하지는 않는다. 오히려 덧없을 분명히 보여주고 그 아련한 슬픔을 확인하는 태도까지 보여준다.

안경알이 오목하거나 볼록해지면서 삶의 시간은 얼룩처럼 지나가고, 시인은 그 안에서 "심장이 보았던 세상/ 피터 팬이 보았을 세상"을 추억한다. 시인은 세상을 보는 사람이고 그 방식과 내용이 일반 사람들과는 다를 수밖에 없다. 하나의 일면으로 전체를 통찰할 수 있는 것이 시인의 능력인데, 주인을 잃은 안경 하나를 통해 삶 전체를 통찰하는 시인의 시선이 바로 그러하다. 시인은 자신의 의식과 시선으로 우리가 잃어버린 의식의 시간을 감지한다. 유한한 혹은 무한한 시간 속에서 문득 스스로를 발견하고 "유년이 반송되는 중"이 아닐까 하는 자문自問은, 시간이라는 것을 존재론적인 동시에 현상적인 것으로 사유하고 있음을 드러낸다. 이 글의 서두에서 설명했던 자연에 대한 양면성처럼 시간에 대한 양면적 자세는 한인숙 시인만의 독특한 시선이라 할 수 있다.

특히 이 작품에서 인상적이었던 부분은 "안경이 두꺼워진다는 건 더 먼 실종을 바라보는 일"이란는 명제였다. 시인의 시적 인식을 강화시키고 있는 이 시행은 "아이는 또 다른 실종을 찾아 안경점을 들를 것이고/ 새로 맞춘 세상 속으로 조금은 낯선 풍경이 환해질 것이다"로 이어진다. 여기에서 필자를 긴장시킨 부분은 "조금은"이란 부사였다. 시인은 "조금은"이란 시간의 겹을 통해 이미 덧없이 흘러가는 시간의 속성을 파악하고 있으며, 때문에 시간의 흐름을 작품의 내용을 갖추게 된다. 하지만 "조금은"이란 표현은 이미 '실종'의 세계로 도달할 수밖에 없다는 숙명론을 전제하고 있는 것이어서 안타까움의 간극은 더욱 크다. 시간에 대한 속성과 본질을 깊이 있게 인식하면서 그것을 '실종'으로 규정할 수 있는 막연하고 막강한 힘의 존재가 결국 시인이 아닐까 싶다.

    짚동가리가 타들어 간다
    거센 바람을 타고 불길이 뛴다
    외양간,
    소의 눈에서 불이 이글거린다
    고삐를 움켜쥔 아버지는 워워,, 잔등을 쓰다듬으며 소를 끌어
  내려 했지만
    화염 속에서 좀처럼 움직이지 않는다
    제 새끼를 다리 사이로 품고서야 주춤, 일어섰고
    안전한 곳으로 옮겨진 소의 큰 눈에서 눈물이 흘렀다
    이제는 괜찮다며 젖은 수건으로 소를 닦아주던 아버지

    아버지와 소는 한통속 이었다
    쇠전에서 가장 비루먹은 소를 사온 아버지는
    쑥 뿌리며 돼지감자 등 보신이 될 만한 것을 먹였다
    엉덩이에 엉겨 붙은 똥을 갈퀴손으로 벅벅 긁어주면

소는 답례하듯 꼬리를 툭툭 쳤다
　　털에 윤기가 나고 잔등에 살이 올랐다
　　워낭소리만 들어도 발정기를 알아챈 아버지는 씨 좋은 황소를 끌어다 대곤했다
　　나대는 송아지를 몰아들이느라 학교에 지각하는 날도 숱했고
　　노느니 소 등에 파리를 잡아주라는 아버지의 주문은 우리를 질리게 했다
　　어찌 보면 우리 집의 가장 상전은 소였다
　　소 서너 마리 장에 나가는 날은 소 대신 땅문서가 들어왔다

　　소 보다 먼저 늙어간 아버지
　　묵정의 기억이 되새김질처럼 고이고 아버지의 땅에 잡초만 무성하다
　　―「소」 전문

　그의 시는 특정한 배경 없이 존재론적 슬픔이나 존재론적 기쁨이 채색되어 있지 않다. 어떤 구체적 풍경 속에서 반드시 현실과 내면이 동반된다. 이는 자기 내면을 바라보는 자의 건강한 의식의 발로이며 더불어 자연에 대한 친화력을 바탕으로 할 때에만 가능한 것이라 할 수 있다. 특히 위의 작품은 아버지와 아버지가 키우던 소를 하나로 엮어 삶의 현장을 펼쳐내고 있다. 시인의 유년 시절이 섬세한 행간에 투영되어 있는 작품에서 시인은 "소 보다 먼저 늙어간 아버지"의 퇴락을 가슴 아파한다. 어린 시절 지켜보았던 아버지의 삶을 모습을 불난 외양간 안의 소를 통

해 비유적으로 그려내는 시법은 대단히 감각적이다. 불이 난 외양간 안에서 좀처럼 움직이지 않던 소가 "제 새끼를 다리 사이로 품고서야 주춤, 일어"서는 모습과 "이제는 괜찮다며 젖은 수건으로 소를 닦아주던 아버지"의 모습이 동일시되면서 아버지가 가지고 있는 무한한 자식 사랑이 온전히 전해진다. 시간의 흐름에 따라 모든 것들이 바뀌고 변하는 것이 세상 이치인데, 자식에 대한 사랑은 미물이나 사람이나 변함이 없어 보인다. 시인의 이러한 공감대는 이것이 아버지와 자식 간의 혈육에 한정되어 있지 않고 소와 송아지에서 시작되었다는 점에서 오히려 그 울림의 파장이 크다. 시인은 인간에서 시작해서 인간으로 마치는 풍경이 아니라 동물이나 자연 등 그가 머물고 보았던 세계의 다양한 대상들을 통해 세계를 확장시키고 시적 사유를 심화시키는 능력을 갖추고 있다.

  화자가 보기에 "아버지와 소는 한통속 이었"고, "우리 집의 가장 상전은 소였다." 아버지는 왜 소를 상전처럼 모셨을까? "소 대신 땅문서가 들어왔다"는 시행에서 알 수 있듯이 소가 가계의 재산 증식에 있어 매우 중요한 수단이었기 때문일 것이다. 그러나 아버지에게 소는, 단순히 하나의 수단과 대상에 머무는 것이 아니라 또다른 자기 자신이었다. 아버지의 진심을 화자는 이미 알고 있었던 것이다. 그러나 지금 아버지는 안 계시고 "묵정의 기억이 되새김질처럼 고이고 아버지의 땅에 잡초만 무성"한 현실이 시인은 안타깝다. 아버지에 대한 막연한 그리움이 아니라 부정父情에 대한 근원적 그리움을 유의미하게 그려내고 있다. 이러한 그리움에 대한 감정들은 시인의 삶을 새로운 차원으로 펼쳐내는 무의식적 욕망과도 무관하지 않다. 한인숙 시인이 자연이나 어떤 전통적 세계의 풍경을 그려낼 때 그 억양과 뉘앙스가 복고풍의 진부함을 주기 보다는 오히려 신선함과 일종의 패기를 전해준다.

    추수를 끝낸 들판은 공룡의 산란지 같다
    하얀 무게를 들 쓴 화석이며
    들녘을 점거한 채 또 다른 과거를 부화시킬 은밀한 산란처다
    오래된 비밀을 가두었을,
    화석이 되기 위해선 숱한 지혜를 갈아치웠을 것이고
    수억 년 바람을 한 곳으로 몰아왔을 식물의 근기가 필요했을 것이다
    달의 이름으로 무수한 절기가 들렀다 나가고
    새의 노래가 깜부기로 변해있을 낡은 성장
    그렇다면 저 안 저것들 부화를 꿈꾸고 있단 말인가
    몇 덩이 볏짚이 뉘 집 외양간을 살찌우는 동안
    미꾸라지가 물장구치고
    메뚜기가 뛰어넘던 기억이
    언 수은주와 간 섞인 바람 속에서 부화되고 있음을,

    노을로 꽉 찬 들녘은 거대한 조산소 같다
    아버지의 아버지가 갈아엎던 쟁깃밥과
    일소의 거대한 울음까지 속속 잉태하고 있을까
    저 둘둘 말린 볏짚 속에

내 유전자의 안쪽이 흙과 은밀하게 소통하고 있음을 알아챘다
　　언제부턴가
　　축생의 되새김질이 있는 가을 들판에서
　　티라노사우루스를 떠올리는 건 금기다
　　저것을 공룡 알이라 생각하는 건 원시의 착각이다
　　들판 안 화석의 시간을 벗어나며
　　나는 내 안에서 부화되고 있는 식물성 그리움을 둥글게 말
아 쥔다
　　─「공룡알 ─볏짚」 전문

　시집의 작품 전반에서 드러나 있는 것처럼, 한인숙 시인에게 자연은 자기를 바라보는 성찰의 공간으로 주로 등장한다. 위 작품의 공간적 배경인 "추수를 끝낸 들판" 역시 자기 존재에 대한 응시와 성찰이 이루어진 절대 공간이다. 시인은 현대 사회에서 훼손된 자신의 존재적 근거를 원시적 공간인 '들판'에서 찾아내는데, 이곳은 시인이 자기를 위무하고 보듬어 안는 환영적 공간으로 작동하기도 한다. 들녘의 "말린 볏짚 속에/ 내 유전자의 안쪽이 흙과 은밀하게 소통하고 있음을 알아챈" 시인은 말린 볏짚을 공룡알로 상상하면서 더욱 근원적 세계로 몰입한다. 그것은 단순히 과거 속에 묻혀버린 시간대로의 회귀가 아니라 원초적 생명에 대한 확인이면서 그 생명이 현실 속에서 현재화 되기를 열망하는 진심이기도 하다. 그런데 이러한 열망이 동물성보다는 '식물성 그리움'으로 변이된다는 것도 시인만의 독특한 개성이다.

한인숙 시인이 보여주는 원초적 세계로의 지향의지는 시인의 현실이 비생명감에 찌들어있는 절망적 상태에서 기인한 것이 아니라 "추수를 끝낸 들판"이라는 자연스런 공간에서 시작한다. "또 다른 과거를 부화시킬 은밀한 산란처"라는 인식이나 "달의 이름으로 무수한 절기가 들렀다 나"갔다는 표현은 섬세한 감수성과 사물에 대한 애정에서 비롯될 수밖에 없는 것들인데, 우리는 이를 근거로 한인숙 시인이 보여주는 언어의 질감을 감각적으로 느낄 수 있다. 시인이 지닌 모든 감각과 사유는 자기 내부와의 교통을 통해 정신적 승화로 이어진다. 그는 이 작품을 통해 우리 서정시가 나아가야할 시정신의 새로운 활로를 보여준다. 대상에 대한 보편적 인식에서 시작하지만 그 차원에 머물지 않고 새로운 도전을 통해 일정한 성과를 거두고 있는 것이 한인숙 시인만의 문법이기 때문이다. 상식과 고정관념을 완곡하게 뒤집으면서도 왜곡된 관념을 깨뜨리는 그의 언어는 이따금 미학적 쾌감을 선사하기도 하며, 이미지의 조형과 더불어 대상과의 새롭고 낯선 관계를 끊임없이 추구하는 열정을 보여주기도 한다.

이번 시집 전체를 관통하고 있는 것은 한인숙 시인이 자신이 시적 대상을 외부에서 발견하고 그로부터 깨우침을 얻지만, 결국은 그곳에 자신의 호흡을 얹어주고 내면의 자아로 전개시킨다는 그만의 시법이다. 단순한 관찰자인 화자에서 그 대상과 일치되는 시적 자아, 시인으로 재탄생하는 것이다. 때로 시인 스스로 설명을 통한 개입을 시도하여 독자의 전망과 여운을 차단하는 경우도 없지 않지만 이는 시인의 감수성과 긴장된 절제를 통해 극복되는 경우가 대부분이다. 그래서 한인숙의 시는 근본적으로 내성의 시라고 할 수 있다. 그의 작품들은 사물을 묘사하는 데에만 열중하거나 일상의 삶 속에서 감염되는 갈등과 모순만을 토로하는데 격앙되어 있지 않다. 시인 스스로 세속적 인식 안에 안주하지 못하고, 이 같은 인식을 거부하며, 스스로의 갈등을 유발시키기 때문이다. 시인은 세속의 안락함으로부터 끊임없이 시적 탈출을 시도하는 모습을 시집 전반을 통해 보여준다.

한인숙의 시가 지닌 탁월함의 배경은, 모든 사물, 모든 현상을 시로 만들어내는 그만의 시 정신에 있다. 그 강인함 속에는 인간을 향한 사랑과 현실에 대한 나름의 비판의식, 더불어 섬약한 감수성과 언어를 탁마하는 집요한 손길, 격정과 절제의 긴장 등이 전제되어 있다. 이때 시적 자아는 스스로에 탐욕적으로 집착하지 않고, 강렬한 주관에 의해 묶여 있지도 않다. 오히려 스스로 대범하게 놓아버림으로써 강한 욕망의 주관에 포박되지 않는 시적 자아를 갖게 된다. 이때 한인숙 시인이 갖는 시세계는 초월의 세계가 된다. 어찌 보면 그의 시세계는 이 초월이 빚어내는 공간이며, 초월을 향한 극복의 과정이라고 할 수도 있겠다.

해마다 많은 시인들이 배출되고 많은 시집들이 출간되지만, 정작 읽는 이의 마음을 움직일 수 있을 정도로 감동적이거나 재미 있는 시, 훌륭한 시를 찾아보기는 더욱 힘들어진 느낌이다. 즉 세상이 변화하고 현실이 변화하고 있음에도 시대적 감수성을 갖추고 그 시대에 감응하는 작품이 많지 않다는 의미이기도 하다. 자기 시대에 감응하는 감성과 시 정신은, 감상과 인식의 주체인 독자에 전이되는데, 이때 감동의 질을 전통적인 감수성과 파장 안에서만 포착하려는 시도는 시대에 뒤쳐진 게으름으로 읽힌다. 한인숙 시인의 작품들은 이런 한계를 과감하게 뛰어넘으면서 자기 세대론적 입장의 정서적 당위성을 유지하는 한편 변화하는 현실에 대해서도 능동적인 감정을 포착해낸다. 자신을 둘러싼 세계에 대한 철저한 내성적 자세나 생에 대한 근원적 물음 앞에서 자아를 스스로 해부하는 모습이 자아와 세계, 자아와 사물과의 관계로 확대되면서 한인숙의 시는 뜨겁게 대비된다. 우리가 오늘 한인숙의 시를 밑줄 그으며 읽고 그의 다음 작품을 기대하는, 선명한 이유가 바로 여기에 있다.

한인숙 시집

콩나물은 헤비메탈을 좋아하지 않는다

발   행 2018년 2월 20일
지 은 이 한인숙
펴 낸 이 반송림
편집디자인 김지호
펴 낸 곳 도서출판 지혜
         계간시전문지 애지
기획위원 반경환 이형권 황정산
주   소 34624 대전광역시 동구 선화로 203-1, 2층 도서출판 지혜 (삼성동)
전   화 042-625-1140
팩   스 042-627-1140
전자우편 ejisarang@hanmail.net
애지카페 cafe.daum.net/ejiliterature

ISBN : 979-11-5728-266-1 03810
값 10,000원

이 책의 판권은 지은이와 도서출판 지혜에 있습니다.
양측의 서면 동의 없는 무단 전제 및 복제를 금합니다.

한인숙

한인숙 시인은 2006년 《경남신문》 신춘문예로 등단했고, 시집으로는 『푸른 상처들의 시간』과 『자작나무에게 묻는다』가 있다. '안견문학상' 대상을 수상했고, 현재 한국문인협회회원, 평택문인협회회원, 시원 동인으로 활동하고 있다.

한인숙 시인의 세 번째 시집인 『콩나물은 헤비메탈을 좋아하지 않는다』는 '음악적 지식의 시적 활용'의 가장 탁월한 예이며, '콩나물 악단의 노래'라고 할 수가 있다. 한인숙 시인은 그의 가난을 말갛게 비워내는 가수였고, 그가 그의 가난을 말갛게 비워내는 동안 그의 콩나물들(가족들)은 더욱더 순진한 화음에 길들여졌고, 따라서 콩나물은 예나 지금이나 헤비메탈을 좋아하지 않게 되었던 것이다. "소음이라도 솎아내듯 웃자란 몇 줌의 화음을 뽑아내자/ 등 뒤의 락은 지난 밤의 불면을 털어내며 한껏 진화되고 있었다." 콩나물 악단은 보컬, 리드 전기기타, 베이스 기타, 드럼 등으로 구성된 '록 그룹'이었던 것이다.

이메일 : piano9658@hanmail.net